Horst Pötzsch

Deutsche Geschichte nach 1945 im Spiegel der Karikatur

Horst Pötzsch

Deutsche Geschichte nach 1945 im Spiegel der Karikatur

OLZOG

Die Deutsche Bibliothek - CIP-Einheitsaufnahme

Pötzsch, Horst :
Deutsche Geschichte nach 1945 im Spiegel der Karikatur / Horst Pötzsch. -
München; Landsberg am Lech : Olzog, 1997
ISBN: 3-7892-9365-2

ISBN: 3-7892-9365-2

Umschlagentwurf: M. Gesierich, Augsburg
Druck- und Bindearbeiten: Himmer-Druck Augsburg

Printed in Germany

Inhalt

Vorwort

Eine gute Karikatur trifft genauer, so wird in fast jedem zweiten Vorwort zu einer Karikaturensammlung versichert, als jeder Leitartikel. Daran ist mindestens richtig, daß es keine konzentriertere Aussage gibt als eine Karikatur. Sie reduziert mit wenigen Strichen einen Sachverhalt auf seinen Kern, während ein Leitartikel viele Worte braucht.

In diesem Sinne können Karikaturen auch treffsicherer sein als manche langatmige historische Darstellung. Ein klassisches Beispiel ist eine Karikatur, die jedenfalls früher in keinem deutschen Geschichtsbuch gefehlt hat. Sie erschien 1890 in der Londoner satirischen Zeitschrift „Punch" unter dem Titel „Der Lotse geht von Bord" und zeigt Bismarck, wie er das Fallreep des Schiffes „Germania" hinabschreitet. Der geniale Zeichner hat den Vorgang auf den Punkt gebracht: Der erfahrene und gewichtige Steuermann, der das Schiff sicher durch alle Fährnisse navigiert hat, geht ab. Wer wird die „Germania" künftig steuern und welchen Kurs wird er nehmen? Der Zeichner nimmt die Antwort vorweg. Der junge Kaiser sieht nicht aus wie ein verläßlicher Steuermann, er wird das Schiff wohl über kurz oder lang auf eine Untiefe setzen.

Die Karikatur selbst hat eine lange Geschichte, unter den Protagonisten sind illustre Namen. Manche sehen den Beginn der Karikatur schon im alten Ägypten. Karikaturistische Darstellungen sind auf griechischen Vasenbildern zu finden. Später bedienen sich Künstler wie Leonardo da Vinci, Hieronymus Bosch, Pieter Brueghel der Ältere und Jacques Callot der Karikatur. In dieser Zeit taucht auch der Begriff Karikatur auf, als zwei bedeutende italienische Maler, die Brüder Agostino und Annibale Carraci, grotesk verzerrte Studien von Personen zeichneten. Rittratini carichi, übertriebene Bildnisse, oder caricature wurden sie genannt, beides abgeleitet vom italienischen Verb caricare (überladen, übertreiben). Die Karikatur unserer Zeit erfuhr ihre Prägung als künstlerisches und publizistisches Medium im 18. und frühen 19. Jahrhundert, zunächst in England mit William Hogarth, Thomas Rowlandson, George Cruikshank, dann vor allem in Frankreich mit Grandville, Honoré Daumier und Gustave Doré. Für eine weite Verbreitung sorgten neue Techniken wie die Lithographie und neue Verfahren der schnellen und billigen Vervielfältigung. Eigene, nur der Karikatur gewidmete Zeitschriften wurden gegründet, 1830 „La Caricature", 1832 „Le Charivari", 1841 „Punch", in Deutschland 1845 „Fliegende Blätter", 1848 „Kladderadatsch", 1896 dann der „Simplizissimus", um den sich so bedeutende Zeichner wie Thomas Theodor Heine, Eduard Thöny und Olaf Gulbransson versammelten. Herausragend unter den deutschen Karikaturisten des 20. Jahrhunderts sind auch George Grosz und Heinrich Zille.

In der Zeit nach dem Zweiten Weltkrieg hat die politische Karikatur eine ungeahnte Verbreitung gefunden. Sie war nicht mehr beschränkt auf wenige satirische Zeitschriften. Tages- und Wochenzeitungen begannen nach 1945 regelmäßig Karikaturen abzudrucken. Heute bringen viele Zeitungen täglich Karikaturen. Die Pressedokumentation des Deutschen Bundestages unter ihrem Leiter Professor Walther Keim wertet seit 1974 systematisch deutsche Tages- und Wochenzeitungen aus, 120 sind es inzwischen. Ihr Archiv enthält schon 180 000 Karikaturen. Zählt man die vor 1974 erschienenen und die in den nicht ausgewerteten Zeitungen veröffentlichten Zeichnungen hinzu, so kommen seit 1945 mehrere hunderttausend Karikaturen, vielleicht eine halbe Million zusammen. Daraus sind für dieses Buch 212 ausgewählt worden. Es war unnötig, hierfür die Fünfhunderttausend durchzusehen. Selbst wenn alle zugänglich wären, hätte das mehrere Jahre gedauert. Es war deshalb unnötig, weil die meisten dieser Zeichnungen den Anforderungen, die an eine solche Auswahl zu stellen sind, nicht genügt hätten.

Ein Kenner des Genres hat einmal behauptet, wirklich große Karikaturisten ließen sich an den Fingern einer Hand abzählen. Die Auswahlkriterien waren da sicher zu streng, vielleicht sollte man die Finger zweier Hände zur Hilfe nehmen. Im Zeitraum von 45 Jahren sind die Großen des Anfangs zum Teil schon abgetreten, neue sind hinzugekommen. So sind es ein Dutzend oder ein paar mehr. Wohl keiner von ihnen fehlt in dieser Sammlung.

Wer diese Großen unter den Karikaturisten sind? Jede Liste wäre angreifbar. Allgemeingültige Kriterien kann es nicht geben. Vielleicht doch eines: Der Meister hat eine unverwechselbare persönliche Handschrift, in der Flut der gezeichneten Witze erkennt man sie auf den ersten Blick.

Zweihundert Blätter waren für eine Chronik der deutschen Nachkriegsgeschichte auszuwählen. Das konnte keine systematische Chronologie sein. Wollte man die 45 Jahre vom Kriegsende bis zum Jahr der Deutschen Einheit kontinuierlich dokumentieren, blieben für jedes Jahr kaum mehr als vier Karikaturen, gleichgültig ob die Ereignisse eines Jahres wichtig oder historisch eher belanglos waren.

Es schien reizvoller, die wichtigsten Stationen des Weges durch die deutsche Nachkriegsgeschichte zusammenzustellen, prägende Entwicklungen oder Vorgänge, herausragende Ereignisse, grundlegende Entscheidungen, die große Kontroversen ausgelöst haben. Alleiniges Kriterium der Auswahl war die Qualität oder das, was der Herausgeber als Qualität empfand, wobei fast jede Entscheidung für eine Zeichnung bedeutete, mit Bedauern auf mehrere ebenso gelungene verzichten müssen. Kein Kriterium war die politische Zielrichtung der Karikaturen. Es erübrigt sich daher, nachzurechnen, wieviele Zeichnungen für oder gegen diesen Machtwechsel, für oder gegen jene Wende, pro und contra Nachrüstung Partei ergreifen. Ein gewisser Ausgleich wird natürlich dadurch hergestellt, daß die Geschichte mal diese, mal jene Wendung genommen hat.

Jedem Thema ist eine Skizze der zeitgeschichtlichen Situation vorangestellt. Unter jeder Karikatur ist der Name des Zeichners und das Jahr der Entstehung vermerkt. Außerdem steht da in der Regel eine „Bildunterschrift". Manche mögen von der Redaktion des Presseorgans formuliert worden sein, in dem sie zuerst publiziert worden sind. Zumeist stammen sie wohl von den Karikaturisten selbst. Vielfach gibt nur eine Kombination von Bild und Text einen Sinn. Aber auch dort, wo das Bild als Aussage genügen würde, legen manche Karikaturisten Wert auf eine verbale Ergänzung. Sie soll die Aussage verstärken oder ironisch akzentuieren, gelegentlich liegt der Witz in einem Kontrast zwischen Bild und Wort. Schließlich hat der Herausgeber zu den meisten Karikaturen einen Kommentar beigesteuert. Oftmals enthält er Hintergrundinformationen, oder er stellt die Zeichnung in den historischen Zusammenhang oder entschlüsselt Personen. Wer das alles schon weiß, muß es nicht lesen. Die Mehrzahl der hier zusammengetragenen Zeichnungen sind ohnehin kleine Kunstwerke, die für sich selbst sprechen.

Stunde Null

Zum 40. Jahrestag des Kriegsendes am 8. Mai 1945 und nochmals zum 50. Jahrestag gab es eine heftige Kontroverse um die Bewertung dieses Datums. In Leitartikeln, Rundfunkkommentaren, Fernsehdokumentationen, Reden, in Leserbriefen, Interviews und Talkshows wurde oft leidenschaftlich darüber gestritten, ob dies ein Tag der Befreiung gewesen oder als Besiegelung der Niederlage, als Datum des Zusammenbruchs anzusehen sei. Der Karikaturist Fritz Behrendt, der selbst allen Grund hatte, den Tag als Befreiung zu erleben, brachte die Sache auf den Punkt. Die Deutschen des Jahres 1945 hegten höchst unterschiedliche Empfindungen. Für die Insassen der Konzentrationslager, die Verfolgten, die vielleicht Jahre in Verstecken vegetiert hatten, war es die herbeigesehnte Befreiung. Die Soldaten, die in Gefangenschaft gingen und Demütigungen, Entbehrungen, Hunger und vielleicht Tod entgegensahen, konnten den Tag nur als bitteres Ende des Krieges empfinden. Die Flüchtlinge und Vertriebenen, die ihre Heimat und ihre gesamte Habe verloren hatten und die ein ungewisses Schicksal erwartete, konnten ihre Situation nur als Katastrophe ansehen. Die Städter, die aus den Kellern hervorkrochen, in die sie die heulenden Sirenen Nacht für Nacht und auch noch am Tage getrieben hatten, waren froh, daß wenigstens dieser Alptraum ein Ende hatte. Allen war wiederum gemeinsam, daß sie glücklich waren, den Krieg wenigstens überlebt zu haben.

Der erste Bundespräsident der Bundesrepublik Deutschland, Theodor Heuss, nannte 1949 den 8. Mai 1945 „die tragischste und fragwürdigste Paradoxie der Geschichte für jeden von uns, weil er erlöst und vernichtet in einem gewesen ist.“ Heute wissen wir, daß der 8. Mai 1945 nicht nur der Nazibarbarei ein Ende setzte, sondern zugleich den Beginn einer Epoche markierte, die den Deutschen, zumindest im Westen, Freiheit und Frieden und einen bisher nicht vorstellbaren Wohlstand bescheren sollte. Die Zeitgenossen ahnten nichts davon. Wäre es ihnen von jemandem damals vorausgesagt worden, hätten sie den Propheten für einen armen Irren gehalten.

Interregnum hat man diese Zeit schon damals genannt, Zwischenherrschaft, wie jenen Zeitraum zwischen dem Erlöschen der staufischen bis zum Beginn der habsburgischen Herrschaft im Spätmittelalter. Später sprach man von der „Stunde Null“. Dagegen erhob sich Widerspruch. Im Leben eines Volkes gebe es keine Stunde Null. Schließlich hätten große Teile der Industrie bald weiterproduziert, und die lokalen Behörden hätten rasch wieder ihre Arbeit aufgenommen. Das ist natürlich richtig, aber im subjektiven Erleben der Menschen hätte die Zäsur nicht größer sein können. Die staatliche Ordnung hatte sich in Nichts aufgelöst. Das Land war von fremden Truppen besetzt. Niemand wußte, was nun werden sollte. Das Leben der Deutschen, schrieb der Politikwissenschaftler Theodor Eschenburg, schien sich auf drei Fragen zu konzentrieren: Wie werde ich satt? Wo kann ich unterkommen? Wie finde ich meine Familie wieder?

Die Karikaturen dieser ersten Jahre bringen dieses Lebensgefühl zum Ausdruck. Sie sind überhaupt nicht witzig. Zu lachen gab es ja auch nichts. Sie sind Notschrei, Hilferuf, Anklage.

Katastrophe oder Befreiung?

Zeichnung: Fritz Behrendt
Diese Karikatur erschien zum 40. Jahrestag in der FAZ

Es wurde oft leidenschaftlich darüber gestritten, ob der 8. Mai ein Tag der Befreiung gewesen oder als Besiegelung der Niederlage, als Datum des Zusammenbruchs anzusehen sei. Der Karikaturist Fritz Behrendt, der selbst allen Grund hatte, den Tag als Befreiung zu erleben, brachte die Sache auf den Punkt.

Treibeis

Zeichnung: Mirko Szewczuk 1946

Die existentielle Befindlichkeit der Zeitgenossen hat der wohl sensibelste unter den Karikaturisten der ersten Nachkriegsjahre, der mit 37 Jahren verstorbene Mirko Szewczuk, mit dieser Zeichnung am besten getroffen. Die Menschen treiben hilflos auf einer Eisscholle, ohne Orientierung, gesteuert von fremden Gewalten.

„Hilfe!“

Zeichner: unbekannt

Deutschland wird von Hunger und Verzweiflung überfallen. Derweilen sind die Sieger in Streit geraten. Von ihnen ist keine Hilfe zu erwarten.

Kalorienwaage

Zeichnung: Henry Meyer-Brockmann 1947

In Berlin betrug die tägliche Lebensmittelration im Juni 1945 200 g Brot, 10 g Zucker, 25 g Fleisch, 10 g Salz, 400 g Kartoffeln, 2 g Kaffee. Anhand von Tabellen konnte man berechnen, wieviele Kalorien das waren. Satter wurde man davon auch nicht.

Gaukelspiel der Kalorien

Zeichnung:
Mirko Szewczuk
1946

Die Tagesration eines Erwachsenen schwankte im Jahre 1946 zwischen 950 Kalorien in der französischen Zone und maximal 1550 Kalorien in der amerikanischen Zone. Das Existenzminimum liegt bei 2000 Kalorien, der normale Verbrauch bei 2800 bis 3500 Kalorien, je nach Konstitution und Lebensführung. Im Hungerwinter 1946/47 demonstrierte die Bevölkerung gegen die Hungerrationen. Auf mitgeführten Plakaten stand zu lesen: „Wir wollen keine Kalorien. Wir wollen Brot."

Zeichnung:
Mirko Szewczuk
1946

Ohne Titel ließ Mirko Szewczuk diese Zeichnung. Sie ist auch ohne Worte sofort verständlich. Die Kinder wärmen sich an dem Kanonenöfchen, das zugleich als Kochherd und Wäschetrockner dient. Der lange und extrem harte Winter 1946/47 steigerte die Not noch mehr.

General Frost

General Frost macht den ohnehin mit völlig unzureichenden Kräften operierenden strategischen Planungen einen Strich durch die Rechnung.

Zeichnung:
Mirko Szewczuk
1947

König Kohle

Zeichnung:
Mirko Szewczuk
1946

Nahezu die gesamte Energie wurde aus Kohle gewonnen. Im Mai 1945 wurden pro Arbeitstag nur noch 25.000 Tonnen Kohle gefördert, gegenüber 400.000 Tonnen vor dem Krieg. Die Produktion stieg bald wieder an, konnte aber wegen der Zerstörung der Verkehrswege nicht dorthin transportiert werden, wo sie gebraucht wurde. Alle Kohle wurde für die Erzeugung von Elektrizität, für die Industrie und den Verkehr verwendet. Zum Heizen der Wohnungen gab es so gut wie keine Kohle, außer man klaute sie von den Kohlenzügen.

Zeichnung:
aus „Der Ruf"
1946

Das einzige Weihnachtsgeschenk

Eine schöne Bescherung erlebten die Deutschen im Katastrophenwinter 1946/47. Das einzige Geschenk, sagt der (anonyme) Zeichner der Zeitschrift „Der Ruf", ist die „Rückerziehung", Reeducation hier wörtlich übersetzt, der gängige Begriff ist „Umerziehung". „Der Ruf, Unabhängige Blätter der jungen Generation" ist hervorgegangen aus „Der Ruf, Zeitung der deutschen Kriegsgefangenen in USA" und wurde bis zum April 1947 von Alfred Andersch und Hans Werner Richter herausgegeben. „Der Ruf" löckte recht respektlos wider den Stachel der alliierten Besatzungspolitik und wurde 1947 von den Amerikanern zunächst verboten, erschien dann wieder unter neuen Herausgebern und wurde 1949 eingestellt.

Die endlose Straße

Zeichnung:
Mirko Szewczuk
1946

Eine hilflose Bürokratie versuchte, den Mangel zu verwalten. Sie gab Lebensmittelkarten, Bezugscheine und Berechtigungsausweise aus, die oft nicht mal eingelöst werden konnten. Ein Wirtschaftsplaner errechnete Anfang 1948, daß der Normalverbraucher zur Jahreswende 1949/50 ein Hemd, Mitte 1950 ein Paar Strümpfe, Mitte 1954 einen Anzug erhalten wird.

Dichtung und Wahrheit

In extremen Notlagen gibt es wohl kein anderes Rezept als die Planwirtschaft. Planung, Erfassung, Lenkung, Verwaltung, Verteilung und Kontrolle bilden aber nur eine Fassade, hinter der die blanke Not herrscht.

Zeichnung:
Helmut Beyer
1947

Nein! Dann schon lieber Diogenes sein...

Zeichnung:
Helmut Beyer
1947

Der Zeichner flüchtet sich in den Zynismus. Diogenes lebte im 4. Jahrhundert v. Chr. in Athen. Er predigte die äußerste Bedürfnislosigkeit und schlief in einer Tonne. Sein Lebenswandel trug ihm den Beinamen Kyon (Hund, ein in Griechenland verachtetes Tier) ein. Davon ist der Begriff Zynismus abgeleitet.

Hoffnung auf neues Leben

Die Zeichnung erschien im April 1947 in der „Zeit". Die Hoffnung war wohl inspiriert durch den Frühling, sollte sich aber als verfrüht erweisen. Das Elend dauerte noch bis zur Währungsreform im Juni 1948.

Zeichnung:
Mirko Szewczuk
1947

Zeichnung:
aus „News Chronicle"

Deutschland in der Sicht des in London erscheinenden „News Chronicle".

22 Flüchtlinge, Vertriebene, Heimatlose

Zwei von fünf Deutschen waren im Mai 1945 irgendwo unterwegs. 20 bis 25 Millionen Menschen befanden sich bei Kriegsende außerhalb ihrer Heimatorte und irrten auf den Straßen des zerstörten Landes umher. Es waren Evakuierte, Menschen, die man vor der Bedrohung durch die Bombenangriffe oft weit entfernt von ihren Heimatstädten auf dem Lande untergebracht hatte, Arbeiter der Rüstungsindustrie, die in weniger gefährliche Gebiete „verlagert" worden waren, Kinder aus den Kinderlandverschickungslagern, entlassene Kriegsgefangene, ehemalige Nazis, die anderswo untertauchen wollten. Man schätzt die Zahl dieser Menschen auf mehr als zehn Millionen.

Seit 1945 strömten Deutsche in chaotischer Flucht aus Osteuropa, den deutschen Ostgebieten und dem Sudetenland nach Westen. Im August 1945 erreichten täglich 25.000 bis 30.000 Flüchtlinge Berlin, vom Juli bis Oktober 1945 wurden in den Auffanglagern der Stadt 1,3 Millionen Flüchtlinge gezählt. Die meisten durften sich nur 24 Stunden aufhalten - versorgt mit einer Suppe und 100 Gramm Brot.

Ende 1945 war fast jeder dritte Einwohner Schleswig-Holsteins ein Flüchtling, ähnlich hoch war der Anteil der Flüchtlinge in Bayern und Niedersachsen. Die regellose Flucht wurde später durch systematische Vertreibung abgelöst. Im Oktober 1946 befanden sich auf dem Gebiet der vier Besatzungszonen 9,6 Millionen Deutsche aus Ostmitteleuropa und Ostdeutschland.

Im Mai 1945 befanden sich darüber hinaus etwa zehn Millionen ausländische Kriegsgefangene und Zwangsarbeiter, die sogenannten Displaced Persons (DP's) auf deutschem Boden. Sie wurden in ihre Heimatländer zurückgeführt. Fast eine Million solcher Displaced Persons aus Osteuropa wollten nicht mehr in ihre Heimatländer zurückkehren und blieben zunächst in Lagern in Deutschland.

„Noch mehr herein..."

Am Ende des Krieges lebten auf dem Gebiet der drei Westzonen 40 Millionen Menschen. Bis Herbst 1946 waren fast 10 Millionen Deutsche aus dem Osten hinzugekommen, und der Zustrom wollte nicht abreißen.

Zeichnung:
Mirko Szewczuk
1947

Die nichts von allem - und die alles für nichts gaben!

Zeichnung:
Helmut Beyer
1947

Die Reaktionen der einheimischen Bevölkerung auf den Zustrom von Fremden variierten, wie könnte es anders sein, zwischen freundlicher Aufnahme und wütender Ablehnung.

Zeichnung:
Mirko Szewczuk
1948

Gerechtigkeit

Im September 1945 wandte sich der Präsident des Bezirks Hannover, der spätere Ministerpräsident von Niedersachsen, Hinrich Kopf, in einem Aufruf an die Bürger: „Die übrige Bevölkerung (...) möge bedenken, daß sie es nur einem glücklichen Zufall zu verdanken hat, daß sie sich nicht in der gleichen Lage befindet wie die Flüchtlinge, Evakuierten und Ausgebombten.“

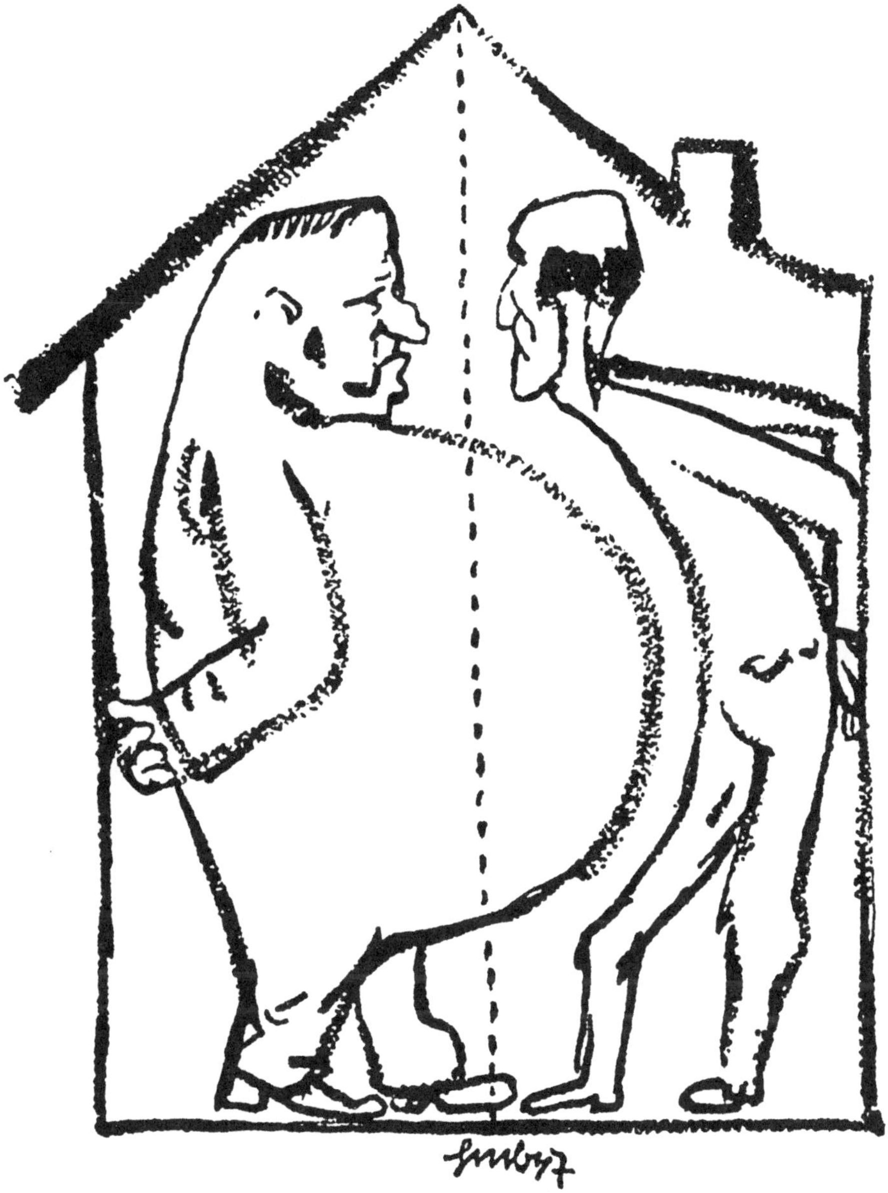

Lastenausgleich

Auch so kann man die Lasten verteilen. Von einem Lastenausgleich war 1947 noch keine Rede. Die ersten Geldleistungen für Flüchtlinge und „Fliegergeschädigte“ brachte das „Soforthilfegesetz“ von 1949.

Zeichnung:
Henry Meyer-Brockmann
1947

„Ha no - mer hawe scho alles b'setzt!"

Zeichnung:
Mirko Szewczuk
1951

Im Jahre 1946 beherbergten die Länder Schleswig-Holstein, Niedersachsen und Bayern 66 Prozent aller Flüchtlinge. Ein Umsiedlungsprogramm verteilte nach komplizierten Schlüsseln, die in zähem Feilschen ausgehandelt wurden, bis 1953 600.000 Flüchtlinge auf die anderen Länder, vor allem Baden-Württemberg und Hessen, wo die Arbeitsmarktsituation günstiger war. Noch viele mehr zogen aus eigener Initiative um.

Die Enthüllung

Zeichnung:
Mirko Szewczuk
1952

Das Lastenausgleichsgesetz wurde 1952 verabschiedet. Für die meisten kam nicht viel mehr heraus als die „Hausratsentschädigung“ und relativ kleine Renten. Die Auszahlungen aus der Hauptentschädigung setzten erst Mitte der fünfziger Jahre ein und erreichten den Höhepunkt Mitte der sechziger Jahre. Insgesamt wurden bis 1984 125 Milliarden DM „umverteilt“. Angesichts des enormen Anstiegs des Volkseinkommens war dies eine vergleichsweise bescheidene Summe. 1952 war das noch nicht vorauszusehen.

28 Reparationen/Demontagen

Auf der Konferenz von Jalta hatte die Sowjetunion gefordert, daß Deutschland 20 Milliarden Dollar Reparationen zahlen solle, von denen sie selbst 10 Milliarden erhalten sollte. In Potsdam wurde beschlossen, daß jede Besatzungsmacht Reparationen aus ihrer Zone entnehmen könne. Zusätzlich sollte die Sowjetunion 25 Prozent der in den Westzonen demontierten Industrieanlagen erhalten, davon 15 Prozent im Austausch gegen Lebensmittel und Rohstoffe. Die Gesamthöhe der Reparationen blieb offen. Die Reparationen sollten nicht wie nach dem Ersten Weltkrieg in Geld, sondern in Warenlieferungen, demontierten Industrieanlagen und Leistungen deutscher Arbeitskräfte gezahlt werden.

Für die westlichen Besatzungszonen sah der „Erste Industrie-Plan" vom März 1946 die Demontage von 1.800 Industriebetrieben, davon 1.336 in der britischen und amerikanischen Zone vor. Die letzte Zahl wurde im Herbst 1947 auf 682 reduziert. De facto hatte General Clay die Demontage in der amerikanischen Zone schon im Frühjahr 1946 einstellen lassen. Nach der Gründung der Bundesrepublik Deutschland wurde die Demontageliste weiter gekürzt, die letzten Anlagen wurden im Frühjahr 1951 demontiert. Der Wert der Demontagen wird von Deutschen und Alliierten unterschiedlich hoch veranschlagt. Die Zahlen schwanken zwischen 1,5 und 5 Milliarden Mark. Zwischen 3 und 5 Prozent der deutschen Industriekapazität wurden demontiert.

Die gesamten Reparationsleistungen der Westzonen werden einschließlich der beschlagnahmten Auslandsvermögen, der Patente, Warenzeichen und Firmennamen auf 20-25 Milliarden Mark geschätzt. Wenn auch der Wert der demontierten Produktionsmittel nicht übermäßig hoch war, so rief der Abtransport der vom Krieg verschont gebliebenen Industrieanlagen angesichts der allgemeinen Notsituation bei der Bevölkerung und vor allem bei den betroffenen Arbeitern äußerste Erbitterung hervor.

In der sowjetischen Besatzungszone war der Aderlaß durch Demontagen und Reparationen ungleich höher. Die Entnahmen aus der sowjetischen Besatzungszone werden bis 1953 auf 66 Milliarden Mark geschätzt. Darunter waren Demontagen von Industrieanlagen im Wert von 5 Milliarden Besatzungskosten (erbeutete und neu gedruckte Banknoten) 15 Milliarden Produktion der beschlagnahmten und als Sowjetische Aktiengesellschaften (SAG) weitergeführten Betriebe und deren Rückkauf (letzteres allein 2,5 Milliarden) sowie Lieferungen aus der laufenden Produktion im Wert von 34,7 Milliarden Mark.

Montage und Demontage

Zeichnung: Mirko Szewczuk 1947

Die katastrophale Ernährungslage in den Jahren 1946/47 zwang die Amerikaner und Briten, Nahrungsmittel in ihre Zonen einzuführen. Dafür kamen großenteils die Steuerzahler dieser Länder auf. Damit die Deutschen die Importe selber bezahlen konnten, wurde ein bescheidener Export zugelassen, zunächst nur Kohle, Strom, Holz und Schrott, alles zu Preisen weit unter Weltmarktniveau. 1947 wurden 64 Prozent Rohstoffe und nur 11 Prozent Fertigwaren exportiert. Zugleich gingen die Demontagen weiter.

Sinnvolle Wirtschaftspolitik

Zeichnung:
Henry Meyer-Brockmann
1947

Denselben Widersinn nimmt der Karikaturist im „Ruf" aufs Korn. Nachdem sich die Not der Deutschen in Amerika und anderswo herumgesprochen hatte, beginnt ein Strom von privaten Hilfslieferungen nach Deutschland zu fließen. Sie nahmen bald den Namen CARE an. CARE steht für „Cooperative for American Remittances to Europe" (etwa: Vereinigung für amerikanische Hilfssendungen nach Europa), eine 1946 von amerikanischen Wohlfahrtsverbänden gegründete Organisation, die Standardpakete versandte. Zugleich bedeutet CARE „für jemanden sorgen". Millionen von Deutschen erleichterten CARE-Pakete das Leben.

(Text an den Zügen in Sütterlinschrift: Carepakete, Demontagen).

Demontage: „Keine Sorge, es soll nur der gefährliche Zahn raus."

Die Karikatur zeigt, welche Emotionen die Demontagen noch 1949 hervorriefen, als nur noch wenige Anlagen abtransportiert wurden. Der „gefährliche Zahn" sind „verbotene Industrien und Industrie-Erzeugnisse", deren Anlagen vollständig demontiert werden sollten: Kriegsmaterial, Flugzeuge, Schiffe, Kugellager, synthetische Treibstoffe.

Zeichnung:
Mirko Szewczuk
1949

Triumph marxistischer Dialektik:
Die gekürzten Reparationen für die Sowjetunion

Zeichnung:
aus: „Berliner Anzeiger"

Die Sowjetunion bekam aus dem Westen (fast) nichts, dafür hielt sie sich in ihrer Zone schadlos. Nach DDR-Angaben betrugen die Entnahmen aus der laufenden Produktion 4,3 Milliarden Dollar, nach westdeutschen Schätzungen das Dreifache.

Die „großzügige" Sowjetunion fordert angeblich nur zehn Milliarden Reparationen aus der Sowjetzone

Zeichnung:
Peter Leger
1950

Die Berechnungen und Schätzungen der sowjetischen Entnahmen aus der SBZ/DDR kommen zu unterschiedlichen Ergebnissen. 1950 kam man auf 60,44 Milliarden Mark. Nach späteren Berechnungen beliefen sich diese Reparationen auf 66,4 Milliarden Mark, ohne 15 Milliarden Mark Besatzungskosten bis 1953, ohne Nutzen aus dem Uranbergbau oder der Tätigkeit der sowjetischen Handelsgesellschaften und anderen Leistungen.

34 Entnazifizierung

Die Sühne für die Kriegsverbrechen und die Säuberung Deutschlands vom Nationalsozialismus gehörte zu den wichtigsten alliierten Kriegszielen. Als das Ausmaß der nationalsozialistischen Verbrechen, vor allem der Greuel in den Konzentrationslagern, bekannt wurde, waren auch weite Teile des deutschen Volkes für die Bestrafung der Schuldigen. Schon am 18. Oktober 1945 trat der Internationale Gerichtshof zur Aburteilung von Kriegsverbrechen zusammen, seit November tagte er in Nürnberg. Nach monatelanger Beweisaufnahme erging das Urteil: Zwölf Angeklagte wurden zum Tode verurteilt (zehn Urteile wurden vollstreckt), sieben Angeklagte wurden zu Haftstrafen verurteilt und drei freigesprochen. Insgesamt wurden in zahlreichen weiteren Prozessen von alliierten Gerichten in den westlichen Besatzungszonen über 5.000 Angeklagte verurteilt, davon 800 zum Tode. Fast 500 wurden hingerichtet.

Darüber hinaus sollten alle aktiven NSDAP-Mitglieder aus ihren Positionen in Staat und Wirtschaft entfernt werden. Diese “Entnazifizierung” wurde am schärfsten in der amerikanischen Besatzungszone praktiziert, während besonders in der britischen und auch in der französischen Zone weniger strenge Maßstäbe angelegt wurden. Aufgrund von Fragebögen, die jeder Erwachsene auszufüllen hatte, und dann teilweise in mündlichen Verhandlungen erörterten Spruchkammern in den Westzonen über sechs Millionen Fälle und stuften sie in fünf Kategorien ein: 1. Hauptschuldige (1.667), 2. Belastete (23.000), 3. Minderbelastete (150.000), 4. Mitläufer (1,0 Mill.), 5. Entlastete (1,2 Mill.). In vier Millionen Fällen wurden die Verfahren durch Amnestie (für Jugendliche, Heimkehrer etc.) niedergeschlagen. Kritik an den Entnazifizierungsverfahren richtete sich gegen die unterschiedliche Handhabung und gegen den Mißbrauch aufgrund von Denunziationen und Korruption. In der Tat wurden in erster Linie “kleine Parteigenossen” abgeurteilt, während vielfach die wirklich Belasteten wegen der langen Dauer der Beweisaufnahme und des Verfahrens überhaupt schließlich in den Genuß der späteren Amnestien kamen. 1949/50 wurde die Entnazifizierung eingeleitet. Sie hat sicher nicht zu der wünschenswerten Selbstreinigung und moralischen Besinnung geführt.

In der Sowjetischen Besatzungszone wurde die “Säuberung vom Faschismus” als Mittel der Umgestaltung der Gesellschaft benutzt. Mitglieder der NSDAP wurden aus dem öffentlichen Leben entfernt, viele von ihnen in den ehemaligen Nazi-KZs inhaftiert. Darüber hinaus wurden zahlreiche enteignete Eigentümer von Betrieben und andere Mißliebige interniert, gleichgültig ob sie Nationalsozialisten oder Regimegegner gewesen waren. Von 150.000 Inhaftierten kam die Hälfte um. Bald wurden frühere Nazis wieder umworben. Wenn sie sich dem SED-Regime zur Verfügung stellten, wurden sie in Gnaden aufgenommen.

Zeichnung
Henry Meyer-Brockmann
1946

Es ist ein Kreuz mit dem Fragebogen. Die amerikanische Version, das „Erhebungsformular MG/PS/G 9a“, enthielt 131 Fragen, darunter solche nach Schulbildung, Körpergröße, Gewicht, Auslandsreisen und welche Partei man 1932 und 1933 gewählt hat. Nicht nur die Betroffenen hielten das Verfahren für wirklichkeitsfremd. Fragebogen sind wohl ohnehin nicht das geeignete Mittel, um Schuld oder Unschuld herauszufinden. Derselbe Karikaturist schlug später ein anderes Verfahren vor.

Zeichnung
Henry Meyer-Brockmann
1947

Zeichnung:
Horst Busse
1947

Die Freiheitsgöttin schaut selber mißmutig drein. Sie hat nur einen kargen Brotkorb zu bieten, dafür einen um so üppigeren Fragebogen.

Die Spruchkammer

Hier sind alle Sprüche zusammengetragen, die Sündern so einfallen.

Zeichnung:
Helmut Beyer
1947

„...begrabt mich endlich!“

Zeichnung:
Helmut Beyer
1950

Niemand weinte der Entnazifizierung eine Träne nach, als sie 1950 eingestellt wurde.

Kalter Krieg und Teilung Deutschlands

Deutschland hatte am 8./9. Mai 1945 militärisch kapituliert. Nach der Verhaftung der Regierung Dönitz am 23. Mai gab es keine deutsche Regierung mehr.

Am 5. Juni 1945 übernahmen die vier Siegermächte in einer „Erklärung in Anbetracht der Niederlage Deutschlands" die oberste Regierungsgewalt in Deutschland. Oberstes Organ der Besatzungsherrschaft wurde der Kontrollrat aus den vier alliierten Militärbefehlshabern. Gleichzeitig wurde die Aufteilung Berlins in vier Sektoren verkündet.

Eine wichtige Entscheidung fiel am 1. Oktober 1945, als der Vertreter Frankreichs im Kontrollrat gegen die vorhergesehene Errichtung von deutschen Zentralverwaltungen sein Veto einlegte, das angesichts der geforderten Einstimmigkeit einen Beschluß verhinderte. Im März 1946 einigte sich der Kontrollrat auf einen „Industrieplan" zur Regelung der Demontagen und Reparationen, aber schon im Mai 1946 führte die Weigerung der Sowjets, die vereinbarten Rohstoff- und Lebensmittellieferungen in die Westzonen aufzunehmen, zur Einstellung aller Reparationslieferungen aus den Westzonen an die Sowjetunion. Die Einbeziehung der Westzonen in den Marshallplan schließlich veranlaßte die sowjetischen Vertreter am 20. März 1948 zum Auszug aus dem Kontrollrat, der damit de facto zu bestehen aufhörte.

Die wirklich wichtigen Entscheidungen wurden ohnehin nicht auf der Viermächteebene, sondern von jeder Besatzungsmacht in ihrer Besatzungszone getroffen. Die einzelnen Besatzungsmächte verfolgten divergierende Interessen und Ziele. Daher verlief die Entwicklung schon in den drei Westzonen unterschiedlich. Eine völlig andere Entwicklung nahm die sowjetische Besatzungszone. Die sich schon 1945 ankündigende Spaltung der Welt in zwei Lager, die bald in den „Kalten Krieg" mündete, manifestierte sich schon früh und besonders deutlich in der Spaltung des Landes.

In den Jahren 1945-1947 fanden insgesamt sechs Konferenzen des „Rates der Außenminister" statt, der in Potsdam ins Leben gerufen worden war, um Friedensverträge mit ehemaligen Feindmächten vorzubereiten. Im Oktober 1946 waren schließlich Entwürfe für die Friedensverträge mit Italien, Rumänien, Ungarn, Bulgarien und Finnland fertiggestellt. Sie wurden am 10. Februar 1947 von den jeweils beteiligten Staaten unterzeichnet. Hingegen prallten in der Deutschlandfrage die Gegensätze immer unverhüllter aufeinander. Schon auf der ersten Außenministerkonferenz im Herbst 1945 war beschlossen worden, die Ausarbeitung der Friedensverträge mit Deutschland und Österreich vorerst zurückzustellen.

Die letzte Außenministerkonferenz im November/Dezember 1947 in London diente nur noch dem verbalen Schlagabtausch und wurde schließlich abrupt abgebrochen. Damit war die Viermächtepolitik gegenüber Deutschland endgültig gescheitert. Danach wurden in den westlichen Besatzungszonen die Gründung eines Weststaates und in der Ostzone die Gründung des Oststaates vorangetrieben.

Ein letztes Mal stand die Wiederherstellung der deutschen Einheit acht Jahre später auf der Tagesordnung einer Vier-Mächte-Konferenz. Die vier Regierungschefs traten in Genf zusammen. Der Österreichische Staatsvertrag war gerade abgeschlossen worden, zum ersten Mal räumten die Sowjets ein von ihren Truppen besetztes Territorium in Mitteleuropa. Vielleicht war doch noch ein Durchbruch in der deutschen Frage zu erreichen. Es zeigte sich, daß die Sowjetunion für eine Wiedervereinigung durch freie Wahlen auch dann nicht zu gewinnen war, wenn ihr weitreichende Zugeständnisse in der Sicherheitsfrage gemacht wurden. Sie ging von der Existenz zweier deutscher Staaten aus und wollte die rechtliche Anerkennung dieses Zustandes erreichen. Letztlich hatten sich alle vier Mächte mit dem Status quo abgefunden. Vorrang hatten für sie angesichts der atomaren Bedrohung Entspannung und Rüstungskontrolle.

Heute - Morgen?

Zeichnung:
Mirko Szewczuk
1946

Ahnungsvoll fragt Mirko Szewczuk schon 1946, ob das zerlegte Deutschland jemals wieder zusammengefügt werden würde.

Unsichtbar - aber gegenwärtig

Die Friedensverträge mit den ehemaligen Feindstaaten waren im Oktober 1946 unter Dach und Fach, über Deutschland wurde auf der Pariser Friedenskonferenz erst gar nicht verhandelt, dennoch war des Problem ständig gegenwärtig.

Zeichnung: aus der Pariser Zeitschrift „France Amérique" 1946

Europa: „Nun haben die wirklich das Kind mit dem Bade ausgeschüttet!“

Zeichnung:
Ernst Maria Lang
1947

Auf der letzten Außenministerkonferenz in London im November/Dezember 1947 wurden nur noch Standpunkte deklamiert. Der sowjetische Außenminister Molotow erhob stereotyp die bekannten Forderungen nach Reparationen aus den Westzonen, die westlichen Außenminister Marshall (USA), Bevin (Großbritannien) und Bidault (Frankreich) lehnten sie ab. Jedermann war klar, daß die Teilung Deutschlands endgültig war.

„Ostzone - Westzonen: Die deutschen siamesischen Zwillinge“

Eine Konferenz in London im Februar/März 1948, an der die drei Westmächte und die Benelux-Länder teilnahmen, beschließt die Einbeziehung der drei Westzonen in das Europäische Wiederaufbauprogramm (Marshall-Plan) und die Errichtung eines Weststaates auf föderativer Grundlage. Die Sowjets verurteilen den westlichen Alleingang, der sowjetische Vertreter verläßt den Alliierten Kontrollrat, der praktisch zu bestehen aufhört.

Zeichnung:
Ernst Maria Lang
1948

„Nun laß uns mal ganz friedlich über die Zukunft reden."

Zeichnung:
Ernst Maria Lang
1949

Der Kalte Krieg konnte jederzeit in einen heißen umschlagen, und dann saß der deutsche Michel mittendrin. Die erste sowjetische Atombombe war im August 1949 gezündet worden.

„Da ist sie ja schon wieder!"

Zehn Jahre nach Kriegsende und ebenso langem Streit über die Zukunft Deutschlands waren alle Beteiligten des „deutschen Problems" von Herzen überdrüssig. Auf der Genfer Konferenz gab es wichtigere Dinge zu besprechen.
Im Bild: Die Außenminister Pinay (Frankreich), Molotow (Sowjetunion), Dulles (USA), Eden (Großbritannien)

Zeichnung:
Fritz Behrendt
1955

46 Marshallplan

Seit Kriegsende hatten die Vereinigten Staaten dem hungernden Europa vielfache Unterstützung zukommen lassen. Neben der privaten Hilfe waren Kredite und Geschenke in Höhe von 12 Mrd. Dollar nach Westeuropa geflossen, darunter immerhin 1,62 Mrd. Dollar in die westlichen Besatzungszonen Deutschlands.

Das Hilfsprogramm, das nach seinem Initiator, dem amerikanischen Außenminister George C. Marshall, „Marshallplan" benannt wurde, unterschied sich grundlegend von dem bisherigen Verfahren der Unterstützungsleistungen an einzelne Länder, die im wesentlichen zur Beseitigung von akuten Notlagen gedient hatten. Es war an die Bedingung gebunden, daß die europäischen Länder sich auf einen umfassenden gemeinsamen Plan für den wirtschaftlichen Wiederaufbau einigten.

Sechzehn europäische Länder gründeten die „Organisation für Europäische Wirtschaftliche Zusammenarbeit" (OEEC) und legten einen gemeinsamen Plan vor, das „Europäische Wiederaufbauprogramm" (ERP). Sie verpflichteten sich, Handels- und Zahlungshemmnisse zu lockern und den internationalen Handel schrittweise zu liberalisieren.

Die Sowjetunion und die osteuropäischen Länder waren eingeladen, sich an dem Programm zu beteiligen. Molotow lehnte eine europäische Zusammenarbeit ab und verlangte bilaterale Hilfsleistungen. Da dies für die USA nicht akzeptabel war, lehnte die Sowjetunion den Plan insgesamt ab, attackierte ihn als Machtinstrument des amerikanischen Imperialismus und verbot den Staaten ihres Machtbereiches die Teilnahme. Von 1948 bis 1952 erhielten die europäischen Länder aus dem Marshallplan größtenteils als Geschenk, zum kleineren Teil als Darlehen in Waren oder Geld 12,4 Milliarden Dollar. Die Bundesrepublik Deutschland erhielt davon 1,3 Milliarden Dollar, das sind bei einer Umrechnung nach Kaufkraft von 1 Dollar = 2,50 DM 3,25 Milliarden DM. Insgesamt bekam die Bundesrepublik an Lebensmitteln und Marshallplanhilfe 3,2 Milliarden Dollar, von denen sie 1,2 Milliarden zurückzahlte.

In der Praxis funktionierte das Europäische Wiederaufbauprogramm so: Die USA lieferten Maschinen, Saatgut, Düngemittel und andere Waren an die europäischen Regierungen. Diese verkauften die Waren an private Unternehmer. Das Geld floß in die Kasse des ERP-Sondervermögens. Von dort wurde es wieder an Unternehmen ausgeliehen, die so Kapital erhielten und Geld verdienen konnten. Später zahlten sie das geliehene Kapital samt Zinsen an das ERP-Sondervermögen zurück. Es konnte erneut ausgeliehen werden und vergrößerte sich bei jedem Umlauf. Bis 1980 wurden in Deutschland aus dem ERP-Sondervermögen 40 Milliarden DM ausgegeben.

Maß-Nahme für Europa

Die Amerikaner fürchteten, daß die mit ihnen verbündeten europäischen Länder nicht in der Lage seien, aus eigener Kraft die schweren wirtschaftlichen Schäden zu beheben, die der Krieg hinterlassen hatte. Ein notleidendes, hungerndes, verzweifeltes Westeuropa könnte eine leichte Beute der Kommunisten werden.

Zeichner: unbekannt

Der Wolf und die Geißlein - gestern ein Märchen und heute?

Zeichnung:
Ernst Maria Lang
1948

Auf der Londoner Konferenz der drei Westmächte und der Benelux-Länder im Februar/März 1948 würde beschlossen, Westdeutschland in das Europäische Wiederaufbauprogramm einzubeziehen.

Europa und der Stier

Die neue Version der Geschichte von Europa und dem Stier. In der ursprünglichen hatte Zeus die Gestalt eines Stiers angenommen, um die schöne Königstochter Europa zu entführen. Daraus war eine glückliche Verbindung geworden.

Zeichnung:
Mirko Szewczuk
1949

„Von dem Onkel dürft ihr nichts annehmen!"

Zeichnung:
Mirko Szewczuk
1947

Die Amerikaner hatten auch die Sowjetunion und ihre Satelliten eingeladen, sich am Europäischen Wiederaufbauprogramm zu beteiligen. Hätte sie eingewilligt, wären die USA in Verlegenheit geraten, denn es lag nicht in ihrem Interesse, ihre Hilfsgelder in das östliche Faß ohne Boden zu pumpen. Erwartungsgemäß lehnten die Sowjets ab, mit der Begründung, das amerikanische Vorhaben untergrabe die Souveränität der europäischen Staaten. Aparterweise zeigte sich sogleich, was die Sowjetunion von der Souveränität anderer Staaten hielt. Sie verboten den Satellitenstaaten, Marshallplanhilfe anzunehmen. Die Tschechoslowakei mußte ihre ursprüngliche Zusage wieder zurückziehen.

Planmäßige Fütterung - hüben und drüben

Nach dem einen Marshall-Plan füttert der große Vogel die hungrigen Kleinen, nach dem anderen müssen die Kleinen Nahrung für den gefräßigen großen Vogel heranschleppen. Um gerecht zu sein, muß man hinzufügen, daß der eine große Vogel ziemlich satt und der andere völlig ausgehungert war.

Zeichnung: Packer

52 Währungsreform

Die entscheidende Voraussetzung für eine wirtschaftliche Gesundung Westdeutschlands war die Beseitigung des Mißverhältnisses zwischen der riesigen Menge umlaufenden Geldes und dem minimalen Warenangebot, kurz eine Währungsreform. Die Geldmenge war von 56,4 Mrd. Reichsmark Ende 1938 auf 300 Mrd. RM 1945 und schätzungsweise 400 Mrd. RM 1948 angewachsen. Mit Reichsmark konnten nur Mieten, Steuern, elektrischer Strom, Gas, Wasser und rationierte Lebensmittel bezahlt werden. Alle übrigen Waren waren nur im Tauschhandel zu erhalten. Die Funktion des Geldes hatten zeitweilig Zigaretten übernommen. Am 21. Juni 1948 trat die Währungsreform in Kraft. Jedermann erhielt eine „Kopfquote" von 40 DM, später noch weitere 20 DM. Alle privaten Forderungen erfuhren eine Abwertung auf 1:10. Bargeld und Bankguthaben wurden in einem komplizierten Verfahren umgetauscht, letztlich im Verhältnis 6,5:100. Hypotheken und andere private Schulden wurden ebenfalls 1:10 umgestellt.

Die Währungsreform benachteiligte die Sparer, deren Guthaben auf 6,5% des ursprünglichen Wertes zusammengeschmolzen war, und begünstigte Besitzer von Sachwerten, z.B. Aktien, gehorteten Gütern, Grundbesitz etc. Die negativen Folgen dieser Neuordnung sollten durch ein Lastenausgleichsgesetz kompensiert oder wenigstens gemildert werden. Es kam jedoch erst Jahre später zustande und führte keine durchgreifende Kompensation der Ungerechtigkeiten herbei. Andererseits bestand kein Zweifel, daß die Beseitigung des ungeheuren Geldüberhangs durch einen radikalen „Währungsschnitt" Voraussetzung für die wirtschaftliche Gesundung war.

Auch für die Sowjetische Besatzungszone verkündete die Sowjetische Militäradministration eine Währungsreform. Die Bedingungen waren ähnlich wie in den Westzonen. Jeder Bürger erhielt ein Kopfgeld von 70 Ostmark. Bargeld wurde im Verhältnis 1:10 umgetauscht. Guthaben wurden gestaffelt umgestellt (bis 100 RM 1:1, bis 1.000 RM 5:1 und bis 5.000 RM 10:1). Nach dem 9. Mai 1945 entstandene Guthaben wurden gesperrt und in eine staatliche Zwangsanleihe umgewandelt.

Die getrennten Währungsumstellungen in West und Ost, die zu zwei unterschiedlichen Währungen führten, machten die Spaltung Deutschlands deutlich sichtbar und vertieften sie zugleich.

„Eier...? ...? - Nicht vor der Währungsreform!“

Als am Tag der Währungsreform die Geschäfte öffneten, glaubten sich die Deutschen ins Schlaraffenland versetzt. Die Schaufenster und Regale quollen über von Dingen, die sie so lange entbehrt hatten: Kaffee und Schokolade, Töpfe und Fahrräder, Blusen und Anzüge. Über Nacht war ein Strom von Gütern in die Läden gebracht worden. Jeder wußte, daß Fabrikanten und Händler Waren horteten. Die Karikatur erschien Monate vor der Währungsreform.

Zeichnung:
Mirko Szewczuk
1948

Vom Winde verweht

Zeichnung:
Ernst Maria Lang
1948

Die riesigen Mengen wertloser Reichsmark und bunten Besatzungsgeldes waren nur noch Altpapier.

Seine Stunde hat geschlagen!

Die Stunde der Schwarzhändler hatte geschlagen. Die Zigarettenwährung hatte ausgedient. Die Zigarette war die Münze der Schwarzmarktjahre gewesen. Sie wurde zu rasch wechselnden Tageskursen gehandelt, zwischen 2 und 10 Mark. Den höchsten Kurs erreichte sie zeitweise mit 20 Mark in Berlin.

Zeichnung:
Josef Nyáry
1948

56 Berliner Blockade und Luftbrücke

Der Sowjetunion war die Existenz einer westlichen Enklave inmitten ihres Herrschaftsgebietes ein Dorn im Auge. Sie unternahm daher 1948 den Versuch, die Westmächte aus Berlin zu vertreiben. Als Vorwand diente die Währungsreform. Die Währungsreform in den Westzonen war mit Rücksicht auf den Vier-Mächte-Status zunächst nicht auf West-Berlin ausgedehnt worden. Die Sowjets ordneten daraufhin eine Währungsumstellung für ihre Zone und für ganz Berlin an. Dies hätte West-Berlin wirtschaftlich an die Ostzone gekoppelt. Die DM wurde daraufhin auch in West-Berlin eingeführt.

Am 24. Juni 1948 wurden die Zufahrtswege zwischen den Westzonen und West-Berlin unterbrochen. Die Lebensmittelvorräte reichten für mehr als 2 Millionen Menschen 36 Tage, die Kohle für 45 Tage. Es war der amerikanische Militärgouverneur General Lucius D. Clay, der den mutigen Beschluß faßte, West-Berlin aus der Luft zu versorgen. Der gewählte, aber von den Sowjets an der Amtsübernahme gehinderte Oberbürgermeister von Berlin Ernst Reuter versicherte ihn der Standhaftigkeit der Berliner.

Zwei Tage nach Beginn der Blockade landeten die ersten Transportmaschinen in Berlin. Insgesamt wurden in 213.000 Flügen 1,7 Millionen Tonnen Versorgungsgüter nach Berlin gebracht. Es war das größte Lufttransportunternehmen der Geschichte.

Als die Sowjetunion erkannte, daß sie die West-Berliner nicht auf die Knie zwingen und die Westmächte nicht aus Berlin vertreiben konnte, lenkte sie ein. Am 12. Mai 1949 wurde die Blockade beendet.

Verkehrsregelung ostwärts

Zeichnung:
aus: „Nebelspalter"
1948

Schon im März 1948 begannen die Sowjets, den Verkehr auf den Zugangswegen von und nach West-Berlin massiv zu behindern. Verschärfte Kontrollen sorgten für endlose Staus, für immer neue Teile des Verkehrs wurde eine Genehmigungspflicht verfügt, der Gütertransport auf den Wasserwegen und der Paketeversand wurden gesperrt. Der Karikaturist der Schweizer satirischen Zeitschrift „Nebelspalter" erkannte schon im Mai 1948: Stalin regelt den Verkehr.

„Ich glaube, wir hängen etwas in der Luft...!"

Zeichnung:
Wolfgang Hicks
1948

Im Sommer 1948 wußte niemand, ob es gelingen würde, eine Millionenstadt aus der Luft zu versorgen, ob die Westmächte bei ihrer festen Haltung bleiben würden und was die Sowjets am Ende planten. Auf den Sitzbrettern des Kettenkarussels sitzen Uncle Sam, John Bull und Marianne. Zwischen ihnen hockt der deutsche Michel mit dem Berliner Bären auf dem Schoß. Sie sitzen aber nicht auf einem Brett, sondern fliegen nur in derselben Richtung durch die Luft.

Rußland kontrolliert die Luftbrücke

Der „Nebelspalter" ist hier zu pessimistisch. Die Sowjetunion wagte es nicht zuzubeißen.

Zeichnung:
aus: „Nebelspalter"
1948

Es ist dafür gesorgt, daß die Blockade nicht in den Himmel wächst.

Zeichnung:
Mirko Szewczuk
1949

Der Pilot hat Grund zur Zufriedenheit. Ihm und seinesgleichen ist es zu verdanken, daß die West-Berliner ihre Freiheit bewahren konnten. 41 Briten und 31 Amerikaner sowie 6 Deutsche, Piloten und anderes Personal, verloren bei der Luftbrücke ihr Leben.

Arbeiteraufstand am 17. Juni 1953

Im Sommer 1952 hatte in der DDR unter der Parole „Aufbau des Sozialismus" ein neuer verschärfter Kurs begonnen, der der Bevölkerung neue zusätzliche Entbehrungen auferlegte.

Nach dem Tode Stalins am 5. März 1953 proklamierte die neue Sowjetführung einen „Neuen Kurs" und löste auch in der DDR Hoffnungen auf Erleichterungen aus. Statt dessen beschloß das Zentralkomitee der SED eine Erhöhung der Arbeitsnormen um 10 Prozent und schuf damit in der Arbeiterschaft eine explosive Stimmung.

Der Aufstand begann am 16. Juni mit Arbeitsniederlegung auf Baustellen in der Ost-Berliner Stalinallee, griff auf andere Teile Ost-Berlins über und erfaßte am 17. Juni die anderen Großstädte und industriellen Zentren der DDR. Die Forderungen der Streikenden zielten anfangs auf bessere Lebensbedingungen (Herabsetzung der Normen, Hebung des Lebensstandards) nahmen jedoch sehr schnell einen politischen Charakter an. Die Aufständischen forderten den Rücktritt der Regierung, Wiederherstellung der Einheit Deutschlands und freie und geheime Wahlen. Die Erhebung, die vor allem von der Arbeiterschaft getragen wurde, verlief spontan, ohne organisatorischen Zusammenhang: In den wenigen Stunden konnte sich keine überörtliche Führung bilden und kein gemeinsames Programm entwickelt werden. Der Aufstand wurde überall von der Sowjetarmee niedergeschlagen.

Der Westen reagierte überrascht und zurückhaltend. Westliche Rundfunksender trugen durch ihre Meldungen vom Geschehen natürlich zur Informierung der Bevölkerung überall in der DDR bei, doch mahnte der Bundesminister für gesamtdeutsche Fragen, Jakob Kaiser, „Besonnenheit zu wahren und sich nicht zu unbedachten Handlungen hinreißen zu lassen".

In der DDR-Geschichtsschreibung wurde der Aufstand als konterrevolutionärer Putschversuch bezeichnet, der unter „operativer Anleitung" durch „imperialistische Geheimdienste und Agentenzentralen" in Berlin und in der Bundesrepublik ausgelöst worden sei.

Der gerade Kurs der Partei

Zeichnung:
Karl-Heinz Schoenfeld
1953

Die Nachricht von Stalins Tod am 5. März 1953 weckte Hoffnungen auf eine Milderung des doktrinären Herrschaftssystems und eine Verbesserung der Versorgung mit Lebensmitteln und Konsumgütern. Statt dessen fiel den Genossen als erstes am 9. April ein, der „kapitalistischen Klasse", allen Selbständigen, Freiberuflern und Hausbesitzern, die Lebensmittelkarten zu entziehen. Am 13. Mai beschloß das Zentralkomitee der SED die Erhöhung der Arbeitsnormen. Am 11. Juni wurde der „Neue Kurs" verkündet und der Entzug der Lebensmittelkarten für Selbständige aufgehoben. Die Normenerhöhung blieb dagegen bestehen. Dieser Zickzackkurs zeigte die Verunsicherung der Herrschenden und bereitete den Boden für den Aufstand.

Zu sehr eingeheizt...

Die Dampfkessel standen zu sehr unter Druck. Der verhaßte Ulbricht („Der Spitzbart muß weg“) hat einen Nasenstüber bekommen.

Zeichnung:
ERES
1953

Der „mächtige Freund der Arbeiterklasse“ antwortet den deutschen Arbeitern

Zeichnung: ERES 1953

An 121 Orten wurde sowjetisches Militär gegen die unbewaffneten Arbeiter eingesetzt.

Der letzte Halt... oder die Regierung aus Iwans Gnade

Zeichnung: Josef Partykiewicz 1953

Die Regierung des „Ersten Arbeiter- und Bauernstaates auf deutschem Boden“ wäre ohne das Eingreifen der Sowjetarmee in den Abgrund versunken.

Vom Schumanplan zur Europäischen Wirtschaftsgemeinschaft

Die Anfänge der Idee eines europäischen Zusammenschlusses reichen weit zurück in die europäische Geschichte. Eine reale Chance ihrer Verwirklichung bot sich erstmals in den Jahren nach dem Zweiten Weltkrieg. Paradoxerweise war die entscheidende Voraussetzung für den Erfolg der europäischen Einigungsbestrebungen gerade die vollständige Ohnmacht Europas als Folge des Krieges.

Die Programme der Widerstandsbewegungen gegen den Nationalsozialismus enthielten fast durchwegs eine Absage an das nationalstaatliche System Europas und die Forderung nach einem föderalen Zusammenschluß der europäischen Völker. In einer Rede in Zürich am 19. 9. 1946 forderte Winston Churchill die „Vereinigten Staaten von Europa“. Als erster Schritt sollte ein „Europarat“ gebildet werden. Frankreich und Deutschland sollten die Führung übernehmen. Gleichzeitig trafen in Hertenstein am Vierwaldstätter See Vertreter von zumeist unter Führung ehemaliger Widerstandskämpfer stehenden Gruppen europäischer Föderalisten zusammen, die sich spontan an zahlreichen Orten in Europa gebildet hatten, und beschlossen ein Aktionsprogramm. Wenig später schlossen sich all diese Gruppen in Paris zusammen. Aus diesem Zusammenschluß ging 1948 die „Europäische Bewegung“ hervor. Die Europabegeisterung, die vor allem von der Jugend getragen wurde, erreichte 1950 ihren Höhepunkt, ging aber von da an zurück, als die ersten europäischen Institutionen gegründet wurden, die in ihrer Realität keineswegs den Vorstellungen engagierter Europäer entsprachen.

Nicht zuletzt auf das Drängen der Europäischen Bewegung geht die Gründung des Europarates zurück. Erstmals gab es eine Art Europäisches Parlament, die „Beratende Versammlung“ des Europarates, aber sie war aus Delegierten der Parlamente der Mitgliedsländer zusammengesetzt, und sie war von vornherein politisch ohnmächtig. Sie konnte und kann nur einstimmig „Empfehlungen“ an die Regierungen richten. Der „Ministerrat“ kann ebenfalls nur einstimmig beschließen, und seine Beschlüsse sind nicht bindend.

Sechs Staaten Westeuropas begannen 1950 das Konzept einer supranationalen Integration in die Tat umzusetzen. Der französische Außenminister Robert Schuman verkündete am 9. Mai 1950, ein sicherlich bewußt gewähltes Datum, einen Plan der Schaffung eines gemeinsamen Marktes für Kohle und Stahl, damals die entscheidenden industriellen Grundstoffe. Der „Schuman-Plan“ war vom französischen Politiker Jean Monnet ausgearbeitet worden. Die „Europäische Gemeinschaft für Kohle und Stahl“ („EKGS“, auch Montanunion genannt - Montanindustrie sind die Unternehmen des Bergbaus einschließlich der Weiterverarbeitung von Bergbauprodukten) wurde im April 1951 gegründet und trat im Juli 1952 in Kraft.

Sie war von ihren Initiatoren als Stufe zu einem umfassenderen, nicht nur wirtschaftlichen, sondern auch politischen Zusammenschluß gedacht. Ihre Organe stellten das Grundmuster aller späteren supranationalen europäischen Institutionen dar.

Die weltpolitische Situation führte dazu, daß als nächster Sektor die Verteidigung zur Integration anstand. Die Integration des militärischen Bereichs erwies sich jedoch als ungleich schwieriger als die eines Wirtschaftssektors. Sie rief heftige Emotionen hervor, und sie warf das Problem der politischen Autorität auf, die die integrierten Streitkräfte kontrollieren sollte. Neben dem „Vertrag über die Europäische Verteidigungsgemeinschaft“ (EVG) wurde daher auch schon - verfrüht - die Schaffung einer politischen Gemeinschaft vorbereitet. Unter veränderten politischen Bedingungen (Auflockerung im Ost-West-Verhältnis nach Stalins Tod) scheiterte der EVG 1954 in der Französischen Nationalversammlung.

Die Integration der Wirtschaft nahm jedoch ihren Fortgang. 1957 wurden die Europäische Wirtschaftsgemeinschaft (EWG) und die Europäische Atomgemeinschaft (EURATOM) gegründet. Damit war die Integration der gesamten Wirtschaft der sechs westeuropäischen Mitgliedsländer auf den Weg gebracht, wie sich rasch erweisen sollte, mit durchschlagendem Erfolg.

Erfinderstolz: „Hoffentlich entwickelt sich das Ding besser als die Sicherheitsnadeln.

Zeichnung:
Klaus Pielert
1950

Kohle- und Stahlindustrie sollten nicht mehr als „Waffenschmieden“ der europäischen Länder dienen. Kriege, vor allem zwischen Deutschland und Frankreich, sollten nun ein-für allemal unmöglich werden. Die Maginotlinie, ein zwischen den beiden Weltkriegen mit großem Aufwand errichtetes Befestigungssystem, hatte Frankreich keine Sicherheit gebracht.

„Robert, wohin führst du mich?“

Zeichnung:
Peter Leger
1950

Der Schumanplan sah nach Gründung der Montanunion die Aufhebung der diskriminierenden Beschränkungen und Kontrollen des Ruhrgebietes (Ruhrstatut) vor, und sollte allgemein die Rückkehr der jungen Bundesrepublik Deutschland in die westliche Staatengemeinschaft ermöglichen. Im Juni 1950, als diese Karikatur veröffentlicht wurde, war der Ausgang noch ungewiß.

„Oh, der ist ja viel temperamentvoller...!“

Zeichnung:
ERES
1952

Europa erwägt, auf einen anderen Stier umzusteigen. Die Montanunion, ein wirtschaftlicher Zusammenschluß, sollte sich als weit dynamischer erweisen, als der Europarat, der kaum Kompetenzen hat.

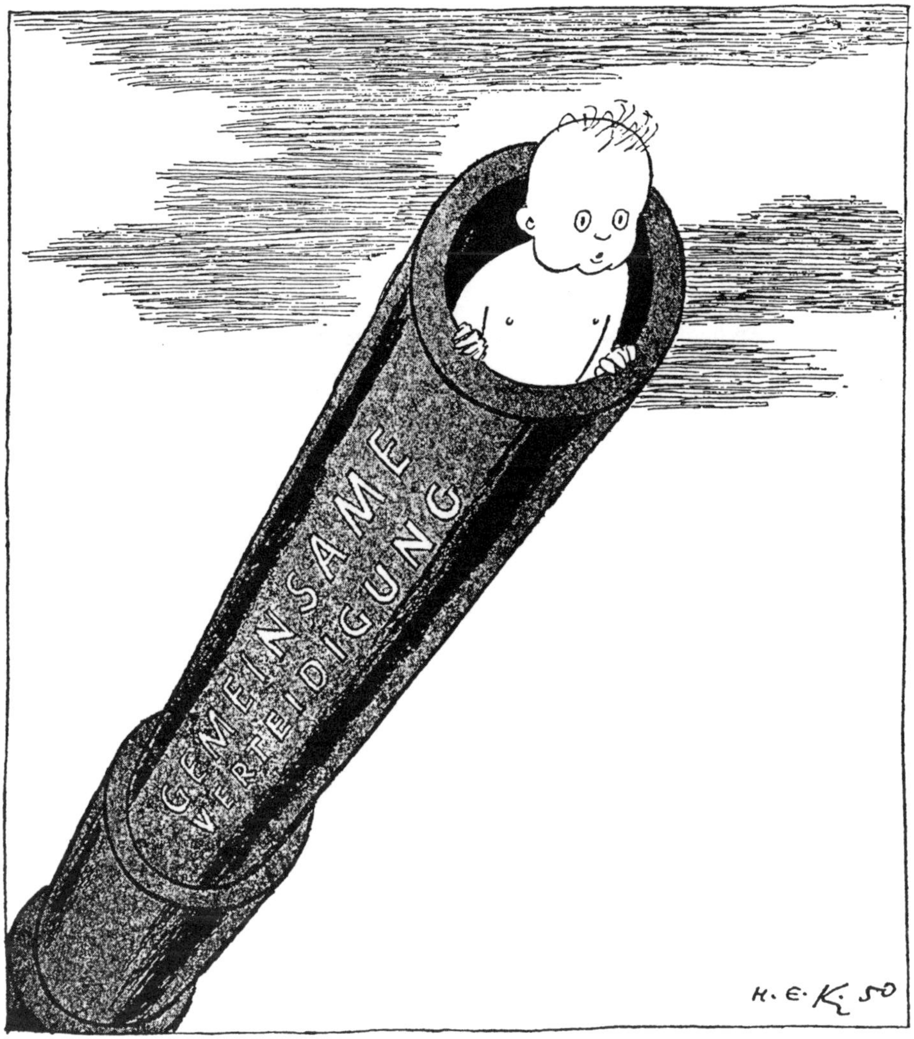

Die Geburt des neuen Europa

Klein Europa guckt betreten aus dem Rohr. Die Geburt des neuen Europa aus Kanonenrohren ist keine sonderlich sympathische Vorstellung. Die europäische Armee ist anfangs in Deutschland nicht sehr populär, wie überhaupt jede deutsche Beteiligung an Armeen.

Zeichnung:
Hanns Erich Köhler
1950

1000 Worte...
Marschübungen der Europa-Armee

Zeichnung:
Hanns Erich Köhler
1951

Wenn schon Armee, dann wenigstens eine multinationale. Eine Europaarmee, gemischt aus Kontingenten der einzelnen Länder, könnte man sich noch am ehesten vorstellen. In welcher Sprache sollten in dieser Armee die Kommandos gegeben werden? Die 1000 Worte Europäisch wird es nie geben.

Schwierige Wahl: „...ganz einfach, Messieurs! Es soll ein bequemer, leichter und strapazierfähiger Schuh sein!"

Zeichner: unbekannt 1954

Der französische Ministerpräsident Mendes France, ohnehin kein überzeugter Anhänger der Europäischen Verteidigungsgemeinschaft, formulierte unter dem Druck der Gaullisten, auf deren Stimmen er in der Nationalversammlung er angewiesen war, zahlreiche Änderungen des EVG-Vertrages, die er den Partnern als „Vorbedingungen" vorlegte. Ihre Erfüllung hätte einen ganz neuen Vertrag zum Ergebnis gehabt. Auf einer Konferenz in Brüssel vom 19. bis 22. August 1954 unter Vorsitz des belgischen Außenministers Henri Spaak versuchte man zu retten, was nicht mehr zu retten war. Die französische Nationalversammlung lehnte den EVG-Vertrag am 30. August 1954 ab.

Politik der offenen Tür

Zeichnung:
Fritz Behrendt
1954

Das Tor europäische Verteidigung via EVG (niederländische Abkürzung EDG - der Zeichner Fritz Behrendt lebt in den Niederlanden und veröffentlicht in dortigen Zeitungen) ist verschlossen. Bald werden die Deutschen der NATO angehören.

Auf großer Fahrt:
„Beide Maschinen volle Kraft voraus!"

Zeichnung:
Herbert Kolfhaus
1958

Aus der „Europäischen Gemeinschaft für Kohle und Stahl" entstand 1957 die „Europäische Wirtschaftsgemeinschaft" (EWG). Sie sollte schrittweise eine Zollunion mit dem Endziel eines Gemeinsamen Marktes schaffen. Zugleich wurde die „Europäische Atomgemeinschaft" (EURATOM) zum Zwecke der Zusammenarbeit bei der friedlichen Nutzung der Kernenergie gebildet. Der Dampfer kann nun endlich Fahrt aufnehmen.

Westintegration oder Wiedervereinigung?

Die diametralen Gegensätze zwischen den Zielen der Deutschlandpolitik der Westmächte und der Sowjetunion, die zum Abbruch der Londoner Viermächte-Konferenz geführt hatten, bestärkten die USA in der Absicht, nunmehr aus den westlichen Besatzungszonen einen Weststaat zu schaffen und ihn in einen Zusammenschluß Westeuropas einzubeziehen. Diese Entscheidung vollzog sich in folgenden Etappen:

1. Die Londoner Sechsmächte-Konferenz (USA, Großbritannien, Frankreich und die Benelux-Länder). Vom 23. Februar bis zum 2. Juni 1948 wurden die Rahmenbedingungen für die neue politische Ordnung Westdeutschlands ausgearbeitet.
2. Die Währungsreform vom 20. Juni 1948 schuf ein einheitliches Währungsgebiet in den drei Westzonen.
3. Die Frankfurter Dokumente, die die Militärgouverneure den Länderchefs übergaben, ermächtigten die Ministerpräsidenten, eine verfassungsgebende Versammlung einzuberufen und eine Neuordnung der Länder vorzubereiten.
4. Eine Konferenz der Ministerpräsidenten im Hotel Rittersturz bei Koblenz im Juli 1948 nahm die Ermächtigung an, betonte jedoch, das zu schaffende politische Gebilde dürfe nicht den Charakter eines Staates haben, sondern müsse ein Provisorium sein, „bis die Voraussetzungen für eine gesamtdeutsche Souveränität in ausreichendem Maße wiederhergestellt ist".
5. Nachdem die Militärgouverneure die sehr weitgehenden Vorbehalte als nicht akzeptabel erklärt hatten, kamen die Ministerpräsidenten nochmals auf Schloß Niederwald zusammen, wo der Berliner Oberbürgermeister Ernst Reuter argumentierte, die Spaltung Deutschlands würde nicht erst durch eine Weststaat-Lösung geschaffen, sondern sei bereits eine Tatsache. Am 1. September 1948 konstituierte sich der Parlamentarische Rat in Bonn. Er bestand aus 65 Abgeordneten der Länderparlamente, die einzelnen Parteien waren entsprechend ihrer Stärke in ihm vertreten. Der Parlamentarische Rat hatte den Auftrag, zunächst für die drei Westzonen eine Verfassung auszuarbeiten. In Erwartung eines späteren Beitritts der Sowjetischen Besatzungszone wurde die als vorläufig gedachte Verfassung „Grundgesetz" genannt.

Am 8. Mai 1949 nahm der Parlamentarische Rat mit großer Mehrheit das Grundgesetz an. Nach Genehmigung durch die Besatzungsmächte und Zustimmung der Länderparlamente wurde es am 23. Mai 1949 durch den Präsidenten des Parlamentarischen Rates, Konrad Adenauer, verkündet und trat damit in Kraft. Das war die Geburtsstunde der Bundesrepublik Deutschland.

In der Sowjetischen Besatzungszone hatten die Vorbereitungen für die Staatsgründung schon früher als in Westdeutschland begonnen, doch erfolgten die Rechtsakte immer erst nach dem entsprechenden westdeutschen Rechtsakt. Ende 1947 wurde eine parlamentsähnliche, demokratisch nicht legitimierte Versammlung ins Leben gerufen, der „Deutsche Volkskongreß". Aus ihm ging der „Deutsche Volksrat" hervor, in dem am 13. März 1949 400 der über 2.000 Delegierten des Volkskongresses zu Mitgliedern des Volksrates bestimmt wurden.

Ein Verfassungsausschuß wurde gebildet, der eine Verfassung für die Deutsche Demokratische Republik ausarbeitete. Nachdem der Volksrat den Verfassungsentwurf im März 1949 gebilligt hatte, trat er am 7. Oktober 1949 zusammen, erklärte sich zur "Provisorischen Volkskammer der Deutschen Demokratischen Republik" und setzte die Verfassung in Kraft. Die DDR war damit gegründet.

Nach Konstituierung der Bundesrepublik wurde am 21. September 1949 das Besatzungsstatut in Kraft gesetzt. Es regelte die verbleibenden Befugnisse der Besatzungsbehörden auf den Gebieten der Abrüstung und Entmilitarisierung, der Entflechtung der Wirtschaft (Kartelle), der Reparationen, der auswärtigen Vertretung, des Außenhandels, der Sicherheit der Besatzungsstreitkräfte. Diese Befugnisse wurden durch die Alliierte Hohe Kommission wahrgenommen, die die drei Militärregierungen ablöste. Schließlich wurde das Ruhrstatut in Kraft gesetzt, das eine internationale Ruhrbehörde aus Vertretern der USA, Großbritanniens, Frankreichs (später Deutschlands), und der Benelux-Länder vorsah. Ihre Aufgaben waren die Aufteilung der Kohle- und Stahlproduktion des Ruhrgebiets für den deutschen Verbrauch und den Export nach Westeuropa sowie Kontrolle von Preisen und Zöllen. Durch das Ruhrstatut wurde der neuen Regierung die wirtschaftliche Verfügungsgewalt über das Ruhrgebiet entzogen; dies kam bei dessen überragender Bedeutung einer Kontrolle der westdeutschen Wirtschaft gleich.

In dieser Situation mußte es Aufgabe deutscher Politiker sein, im Rahmen eines langfristigen Konzepts die Lage Deutschlands schrittweise zu verbessern. Folgende Ziele konnten (nacheinander oder alternativ) angestrebt werden:

- Wiedergewinnung der Souveränität (des westdeutschen Teilstaates),
- Aussöhnung mit den westlichen Nachbarn, vor allem mit Frankreich, und schließlich Partnerschaft in einem geeinten (West-)Europa.
- Wiedervereinigung. Über den Weg zur Erreichung dieser Ziele und die Prioritäten gab es zwischen Regierung und Opposition tiefgehende Meinungsverschiedenheiten, und bald kam es zu erbitterten Auseinandersetzungen. Die Debatte reduzierte sich schließlich auf die Alternative:
- Vorrang der Westintegration: Bundeskanzler Adenauer und die Regierungskoalition versuchten, durch eine geduldige Politik der Annäherung an die westeuropäischen Nachbarn und die USA, durch freiwillige Übernahme von Bindungen, gegebenenfalls Vorleistungen, Vertrauen zu Deutschland wiederzugewinnen. Als Teil eines starken Westens konnte im Verständnis dieser Politik die Bundesrepublik später darangehen, die Wiedervereinigung zu erreichen.
- Vorrang der Wiedervereinigung: Die Opposition war dagegen der Auffassung, daß die Westintegration die Wiedervereinigung auf Dauer unmöglich mache, weil die Sowjetunion kein Interesse daran haben könne, ganz Deutschland in die westliche Machtsphäre geraten zu lassen.

Zeichnung:
Fritz Meinhard
1948

Carlo Schmid, damals Justizminister von Württemberg-Hohenzollern und Mitglied des Parlamentarischen Rates, später einer der führenden SPD-Politiker, plädierte leidenschaftlich dagegen, der zu schaffenden politischen Ordnung Westdeutschlands den Charakter eines Staates zu geben, weil dadurch jede Chance der Einheit Deutschlands vertan werde.

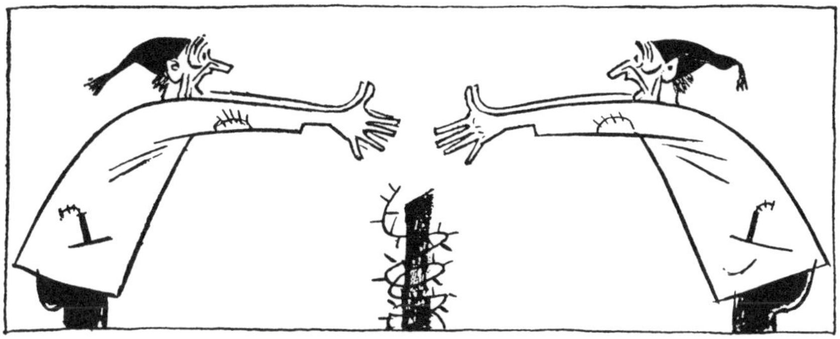

1945: „Bruder!“

1955: „Mein lieber Vetter!“

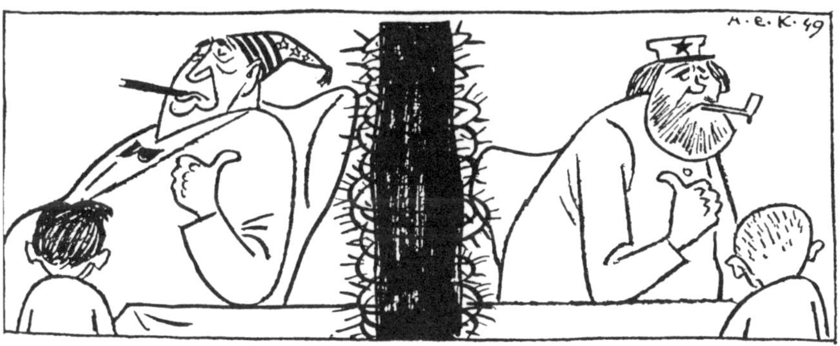

1965: „Ach ja - wir haben irgendeinen entfernten Verwandten im Ausland...“

Der Zeichner ahnt schon 1949 die Entwicklung der deutsch-deutschen Beziehungen und der Gefühle der Westdeutschen für die Brüder im Osten voraus.

Zeichnung:
Hanns Erich Köhler
1948

LIED BEI DER ARBEIT
„Das ganze Deutschland soll es sein..."

Zeichnung:
Hanns Erich Köhler
1949

Der Michel in beiden Teilen Deutschlands ist froh, daß er an den Wiederaufbau gehen kann. Ernst Moritz Arndts Lied „Was ist des Deutschen Vaterland?" auf den Lippen (Refrain: „Das ganze Deutschland soll es sein") mauert er eifrig und merkt nicht, daß die Mauer durch das Haus läuft.

Leicht verwirrt
„Hm - am liebsten möchte ich ja ins Freie...“

Der Michel hat sich im Schilderwald verirrt. Die Parolen auf den Schildern weisen in alle Richtungen. Welcher soll er folgen?

Zeichnung:
Hanns Erich Köhler
1951

Zeichnung:
Peter Leger
1952

Alle reden von Wiedervereinigung. Der SPD-Vorsitzende Ollenhauer mutmaßt, daß Adenauer das ganz anders schreibt.

He - hinter Ihnen steht einer!!!

Es geht nur den einen Deutschen gut, die anderen kommen auf keinen grünen Zweig. Die ersteren schicken „Päckchen nach drüben". Mehr können sie wohl nicht tun.

Zeichnung:
Mirko Szweczuk
1952

„Bevor sie wieder Schwierigkeiten macht..."

Zeichnung:
Peter Leger
1955

Für den Zeichner des „Vorwärts" können Adenauer und seine Mannen die Deutsche Einheit gar nicht schnell genug unter die Erde bringen. Die Westalliierten werden einen Kranz aufs Grab legen mit der Aufschrift RIP = Requiescat in pace - Ruhe in Frieden! Wir schreiben Februar 1955, die Zeit der leidenschaftlichen Debatten um die Ratifizierung der Pariser Verträge.

Das Jahr 1957 sah allerlei Initiativen in Sachen Wiedervereinigung. Die drei Westmächte und die Bundesrepublik forderten in einer „Berliner Erklärung" den Abschluß eines Friedensvertrages mit einer frei gewählten gesamtdeutschen Regierung. Die Sowjetunion erklärte, die Wiedervereinigung sei ein Problem der beiden deutschen Staaten. Der Zeichner der „Welt" hält nichts von allen diesen Erklärungen. Eisenhower und Chruschtschow schieben die Wiedervereinigung auf die lange Bank.

Zeichnung:
Mirko Szewczuk
1957

Adenauers Kanzlerdemokratie

Konrad Adenauer wurde am 15. September 1948 vom Bundestag mit 202 gegen 142 Stimmen bei 44 Enthaltungen zum ersten Kanzler der Bundesrepublik Deutschland gewählt. Dem Bundestag gehörten 402 Abgeordnete an. Zur Wahl des Bundeskanzlers ist nach dem Grundgesetz die sogenannte Kanzlermehrheit erforderlich, die Mehrheit aller Abgeordneten. Das waren 1949 202 Abgeordnete. Adenauer hatte, immerhin im ersten Wahlgang, genau diese Mehrheit erhalten, die eine entscheidende Stimme war seine eigene. Das gab später Anlaß zu allerlei spöttischen Kommentaren. Adenauer selbst sah das ganz entspannt. Befragt, ob er sich selbst gewählt hatte, antwortete er: „Selbstverständlich, etwas anderes wäre mir doch als Heuchelei vorgekommen."

Der neu gewählte Bundeskanzler war 73 Jahre alt. Seine Anhänger fürchteten und seine Rivalen und Gegner erwarteten, daß er in diesem hohen Alter der Bürde seines Amtes nicht gewachsen sein würde. Als er 1963 nach dreimaliger Wiederwahl zurücktrat, war er 87 Jahre alt. Seine Kanzlerschaft währte länger als die Weimarer Republik.

Nach dem Grundgesetz bestimmt der Bundeskanzler die Richtlinien der Politik. Die Richtlinienkompetenz ist die wichtigste Befugnis des Kanzlers. Adenauer verstand sie weidlich zu nutzen. Dabei kam ihm zugute, daß er in seiner eigenen Partei keine ernsthaften Rivalen hatte und daß die Koalitionspartner lange Zeit keine Alternativen zur bestehenden Koalition hatten. Schließlich war seine Kanzlerschaft, zumindest die beiden ersten Legislaturperioden, eine ausgesprochene Erfolgsstory.

Die Vorrangstellung Adenauers ließ das Schlagwort von der „Kanzlerdemokratie" aufkommen. Viele hielten die unanfechtbare und unangefochtene Machtsituation des Kanzlers für ein Charakteristikum (oder Systemfehler, je nach Standpunkt) des politischen Systems des Grundgesetzes. Manche sahen im autoritären Führungsstil des Kanzlers, der, wenn es ihm darauf ankam, das Parlament an die Wand spielte, generell seinen Ministern eine bescheidene Rolle zuwies und gelegentlich mit der Opposition rüde umging, eine Gefahr für die Demokratie.

Später zeigte sich, daß die starke Position Adenauers sich nicht in erster Linie aus der Richtlinienkompetenz herleitete, sondern vielmehr auf seine Persönlichkeit und die politischen Umstände zurückzuführen war. Von der Kanzlerdemokratie sprach niemand mehr. Spätere Bundeskanzler haben die Richtlinienkompetenz ganz unterschiedlich genutzt, je nach den politischen Gegebenheiten und ihrem persönlichen Führungsstil. Sie waren manchmal auch nicht zimperlich mit der Opposition und entfalteten in Wahlkämpfen beachtliches polemisches Talent. Die Demokratie in Deutschland war robust genug, um das zu verkraften.

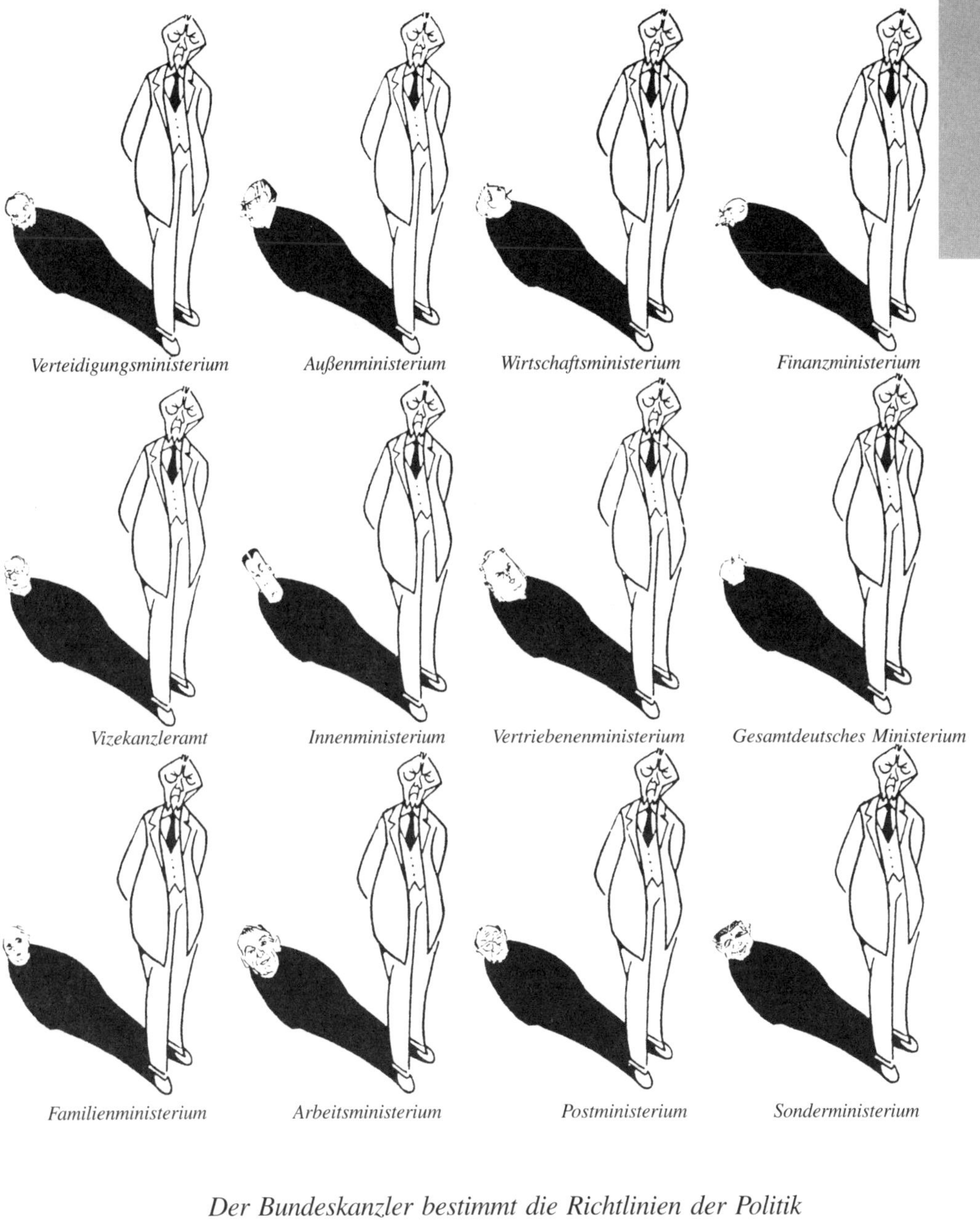

Konrad Adenauer und sein Schattenkabinett.

Zeichnung:
Henry Meyer-Brockmann

„Ja, das alles auf Ehr', das kann ich und noch mehr...“

Zeichnung: Hanns Erich Köhler 1950

Der Bundeskanzler bestimmt nicht nur die Richtlinien der Politik, er macht auch ganz allein Politik. Außenpolitik sowieso, das ist sein ureigenes Metier. Wozu braucht er dann einen Außenminister, er selbst wird sein eigener Außenminister. Später, 1955, nach der Erringung der Souveränität, wird er das Außenministerium widerwillig abgeben, an Heinrich v. Brentano, einen honorigen, gebildeten Mann. Der wird nie viel Außenpolitik betreiben dürfen, der Alte behält das in der Hand.

Nächstens wird man auch wieder eine Armee haben. Weshalb sollte der Kanzler nicht auch sein eigener Verteidigungsminister sein? Im Oktober 1950 wird Theodor Blank zum Beauftragten - natürlich - des Bundeskanzlers „für die auf Vermehrung der alliierten Truppen zusammenhängenden Fragen“ ernannt. Die alliierten Truppen werden vorzugsweise durch deutsche Truppen vermehrt.

Die lang ersehnte Aufnahme

Am 5. Mai 1955, zehn Jahre nach Kriegsende, hat die Bundesrepublik die Souveränität wiedererlangt. Der Bundeskanzler teilt dem Bundestag und dem Bundesrat mit: „Das Besatzungsregime ist beendet. Die Bundesrepublik Deutschland ist souverän." Vier Tage später wird die Bundesrepublik in die NATO aufgenommen.

Zeichnung:
Herbert Kolfhaus
1955

Zeichnung:
Hanns Erich Köhler
1955

Die berühmte Karikatur von Hanns Erich Köhler erschien am 1. April 1955 im Simplizissimus. Sie ist eine Parodie auf ein Foto von Kaiser Wilhelm II. mit seinen fünf Söhnen. Auf dem Originalbild gibt es keinen Pater, und im Hintergrund ist statt der Türme des Kölner Doms die Garnisonkirche in Potsdam zu sehen.

„Der Wahltermin!
Wann ham' wer den jetzt!'

USA-Reise! Schulferien!
Da jeht dat nich . . .

Erntezeit! Oktoberfest!
Dat jeht auch nich . . .

Am besten wähl'n
mir jar nicht,
lassen alles, wie et is!"

Zeichnung:
Klaus Pielert
1957

Nachdenken über den
Wahltermin.

Zufrieden
„Nicht wahr, mein Michelchen - keine Experimente..."

Zeichnung:
Hanns Erich Köhler
1957

„Keine Experimente" war die später oft bespöttelte, aber sehr erfolgreiche zentrale Wahlparole der CDU im Bundestagswahlkampf 1957. Die Union, oder wohl richtiger Konrad Adenauer, errang einen triumphalen Wahlsieg. Es war das einzige Mal, daß eine Partei bei einer Bundestagswahl die absolute Mehrheit bekam.

Der eiserne Konrad

Zeichnung:
Ernst Maria Lang
1961

„Es war ein schweres Leben, aber auch ein schönes Leben. Denn in der Politik finde ich den Kampf, namentlich wenn er erfolgreich ist, wunderbar und schön. Ohne Kampf ist es langweilig. Wenn man den Kampf verliert, ist es bitter; aber wenn man kämpft und dabei siegt, ist es schön!"
Konrad Adenauer

Adenauer gesehen von...

...der CDU

...der Opposition

...Ulbricht

...den Antiklerikalen

...seinen Untergebenen

...allen gemeinsam

Zeichner:
unbekannt

Zeichnung:
Fritz Behrendt
1963

Der Alte war weit entfernt davon, freiwillig abzutreten. Eine Kämpfernatur wie er hatte Gegner en masse. Letztlich wurde er von seiner eigenen Partei gestürtzt. Die Unionsfraktion hatte, gegen den erbitterten Widerstand Adenauers, schon im April 1963 Ludwig Erhard als Nachfolger nominiert. Im Oktober 1963 trat Adenauer zurück.

Halb schob man ihn...

„Ein Andenken, Herr Bundeskanzler - so sah ich aus, als wir uns kennenlernten."
„Danke schön - aber wollen das nicht lieber Sie zur Erinnerung behalten?"

Zeichnung:
Hanns Erich Köhler
1963

Die Deutschen haben allen Grund, Adenauer dankbar zu sein. Zwanzig Jahre nach dem Ende des Krieges ist die Bundesrepublik ein geachtetes Mitglied der Völkerfamilie. Seine Bürger haben sich aus Not und Elend des verlorenen Krieges herausgearbeitet.

„Mir tut es allemal weh wenn ein Mann von Talent stirbt, denn die Welt hat dergleichen nötiger als der Himmel.“
(Georg Christoph Lichtenberg 1742-1799)

Zeichnung:
Hanns Erich Köhler
1967

Konrad Adenauer stirbt am 19. April 1967. Zum Abschied vom ersten Kanzler der Bundesrepublik Deutschland waren 25 Staatsoberhäupter aus der freien Welt gekommen.

Wiederbewaffnung

Unter dem Druck der Katastrophe von 1945 waren die Deutschen einhellig der Meinung, daß es für sie keine Waffen mehr geben werde. Auch Bundeskanzler Adenauer hatte mehrfach erklärt, daß er keine neuen deutschen Streitkräfte wolle. Im Dezember 1949 hatte er allerdings in einem Zeitungsinterview durchblikken lassen, daß er im Fall eines dringenden Wunsches der Alliierten nach einem deutschen Beitrag zur Sicherheit Europas bereit sei, „die Frage eines deutschen Kontingentes im Rahmen der Armee einer europäischen Föderation zu überlegen".

Zwei Vorgänge führten dazu, daß diese unverbindlichen Überlegungen rasch in die Entscheidung für einen deutschen Verteidigungsbeitrag münden sollten. Schon im Juli 1948 waren in der Sowjetischen Besatzungszone bewaffnete Verbände, die „Bereitschaften der Kasernierten Volkspolizei", aufgestellt worden. Diese Polizeitruppe, die man nur als Vorläufer einer Armee betrachten konnte, war bis 1950 auf 50.000 Mann angewachsen.

Am 25. Juni 1950 überschritten nordkoreanische Truppen die Grenze nach Südkorea und überrannten in kurzer Zeit fast das ganze Land. Parallelen zum gleichfalls zweigeteilten Deutschland drängten sich auf.

Im August 1950 nahm der Europarat in Straßburg eine von Churchill eingebrachte Resolution an, die eine europäische Armee unter Einschluß deutscher Kontingente forderte. Wenig später übergab Adenauer den alliierten Hohen Kommissaren ein Sicherheitsmemorandum, in dem er eine Verstärkung der Truppen der Westmächte auf deutschem Boden forderte und um die Aufstellung einer deutschen Sicherheitstruppe in Stärke der Kasernierten Volkspolizei ersuchte. Für den Fall einer Bildung einer westeuropäischen Armee erklärte er die Bereitschaft, einen Beitrag in Form eines deutschen Kontingents zu leisten.

Die New Yorker Konferenz der Außenminister der Westmächte (19. September 1950) vereinbarte die Aufstellung einer westeuropäischen Armee unter deutscher Beteiligung. Daraus sollte der Plan einer „Europäischen Verteidigungsgemeinschaft" (EVG) werden. Die EVG scheiterte 1954 an der Ablehnung durch die Französische Nationalversammlung.

In der Bundesrepublik Deutschland löste der Entschluß zur Wiederbewaffnung eine heftige Kontroverse aus. Bundesinnenminister Gustav Heinemann trat zurück, weil Adenauer das Kabinett erst zwei Tage vor der Übergabe des Sicherheitsmemorandums von seinem Inhalt unterrichtet und ihn als den zuständigen Minister nicht rechtzeitig informiert hatte. Die Stimmung eines Teils der Bevölkerung drückte sich in der Parole „Ohne mich" aus. Die oppositionelle SPD, voran ihr Vorsitzender Kurt Schumacher, war nicht prinzipiell gegen einen deutschen Verteidigungsbeitrag. Schumacher trat für eine internationale Armee mit deutscher Beteiligung in voller Gleichberechtigung ein. Er fürchtete, Deutschland würde bei einem Angriff aus dem Osten verwüstet und überrannt werden, die Westmächte würden eine ernsthafte Verteidigung erst am Rhein aufbauen.

Anstelle des gescheiterten EVG-Vertrages wurden eine neue Konzeption eines westlichen Verteidigungssystems unter Einschluß der Bundesrepublik entwikkelt und eine Reihe von Abkommen und Vereinbarungen ausgearbeitet, die als Pariser Verträge bezeichnet wurden. Dazu gehörten:

- Deutschlandvertrag: Ablösung des Besatzungsstatuts und Wiederherstellung der Souveränität der Bundesrepublik, ferner Rechte und Pflichten der ausländischen Truppen, jetzt Stationierungsstreitkräfte genannt, Höhe des deutschen Verteidigungsbeitrages.
- Westeuropäische Union (WEU): Deutschland (und Italien) treten dem Brüsseler Vertrag bei, einem Abkommen zwischen Frankreich, Großbritannien und den Benelux-Ländern, der damit aus einem Bündnis gegen Deutschland zu einem westeuropäischen Verteidigungspakt wird.
- Beitritt der Bundesrepublik Deutschland zur NATO

Vor der Ratifizierung der Pariser Verträge unternahm die Sowjetregierung einen letzten Versuch, die Westintegration der Bundesrepublik zu verhindern. Eine TASS-Erklärung sprach von noch „ungenutzten Möglichkeiten" für eine deutsche Wiedervereinigung und stellte freie Wahlen in Aussicht, falls das Vertragswerk vom Bundestag abgelehnt würde. Wenig später erklärte die Sowjetregierung den Kriegszustand mit Deutschland für beendet. Unter dem Eindruck dieser sowjetischen Vorstöße kam es noch einmal zu einer leidenschaftlichen Debatte zwischen den Befürwortern einer Ratifizierung, die für Westintegration und Wiederbewaffnung eintraten, und den Gegnern, die es für geboten hielten, das sowjetische „Angebot" zu prüfen, und grundsätzlich gegen Wiederbewaffnung waren.

„Tag, Walter, wo machste hin?"

Zeichnung:
aus: „Echo der Woche"
1949

In der Sowjetischen Besatzungszone war der Kern einer bewaffneten Macht, die „Kasernierte Volkspolizei", bereits 1948 geschaffen worden.

Wer muß zuerst oben sein?

Zeichnung:
Peter Leger
1950

Die Sowjetzone war mit dem Ausbau ihrer Volkspolizei auf dem besten Weg zu einer eigenen Armee. Nun mußte auch Westdeutschland sich sputen.

„Gebranntes Kind scheut das(die) Feuer(waffe)..."

Das im September 1950 eingetroffene Geschenk der "Westunion" löst beim Beschenkten wenig Freude aus.

Zeichnung:
Ernst Maria Lang
1950

DAS NEUE SCHULJAHR
„Wir können nicht umhin - hm - zu gestehen - hm -, daß uns seine große Gelehrigkeit gewisse Sorgen bereitet -"

Zeichnung:
Hanns Erich Köhler
1950

Die Umerziehung hat ihre Früchte getragen. Jetzt ist es auch wieder nicht recht.

„Keinem schmeckt die Suppe recht -. Aber komm Marianne: ein Löffelchen für dich - eins für uns alle..."

Auch die Begeisterung der europäischen Nachbarn hält sich in Grenzen.

Zeichnung:
Hanns Erich Köhler
1950

„Ach - mein Teurer...“

Zeichnung:
Mirko Szewczuk
1952

Für den deutschen Wehrbeitrag wird der Michel tief in die Tasche greifen müssen. Finanzminister Fritz Schäffer hält schon mal den Klingelbeutel hin.

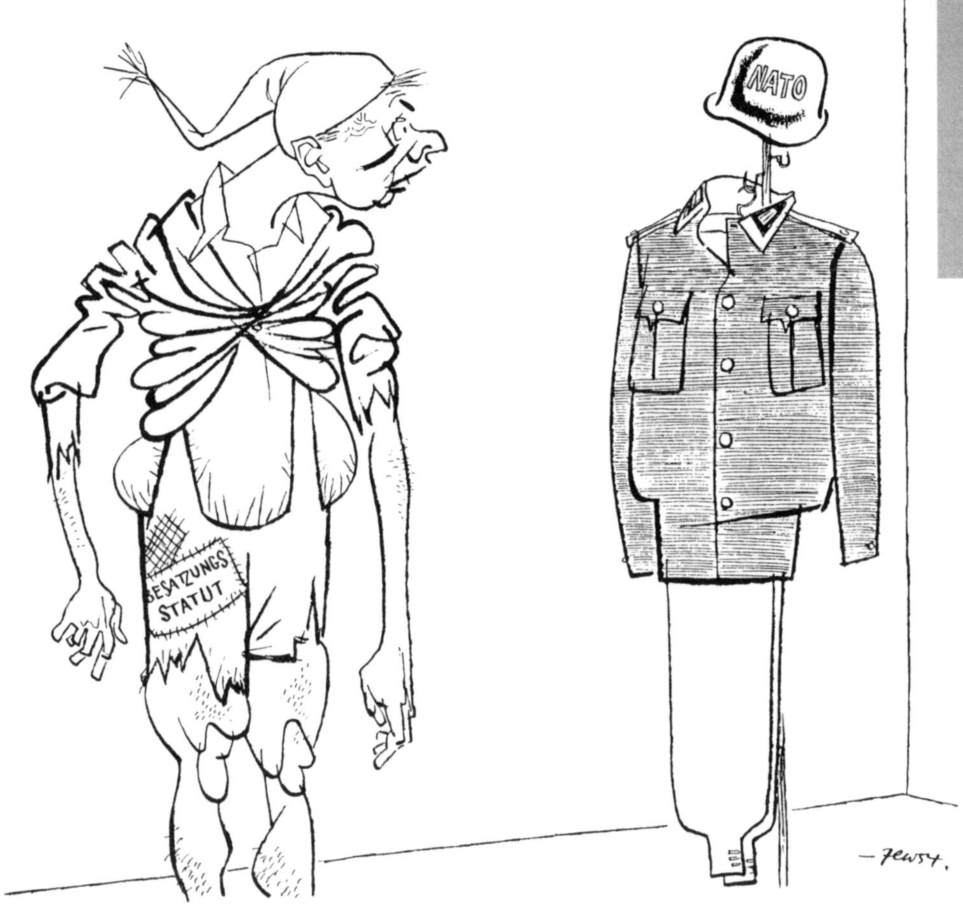

Des Michels neue Kleider

Kurz vor der Unterzeichnung der Pariser Verträge kommt es Anfang Oktober 1953 noch einmal zu einer Debatte über den deutschen Verteidigungsbeitrag. Der Oppositionsführer Erich Ollenhauer fordert neue Verhandlungen mit der Sowjetunion über die Wiedervereinigung, bevor die Bundesrepublik der NATO beitritt.

Zeichnung:
Mirko Sczewczuk
1954

Vor der Kaserne, vor dem großen Tor:
„Melde Herrn Generalfeldkanzler: Es isch onderschriewe..."

Zeichnung:
Ernst Maria Lang
1955

Am 26. März 1955 unterzeichnet Bundespräsident Theodor Heuss die Ratifizierungsgesetze zu den Pariser Verträgen. Damit ist der Weg frei für die Aufstellung der Bundeswehr.

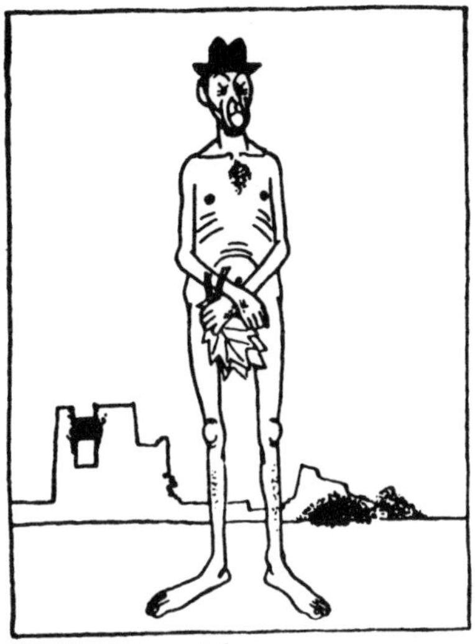

1948: Adam Adenauer

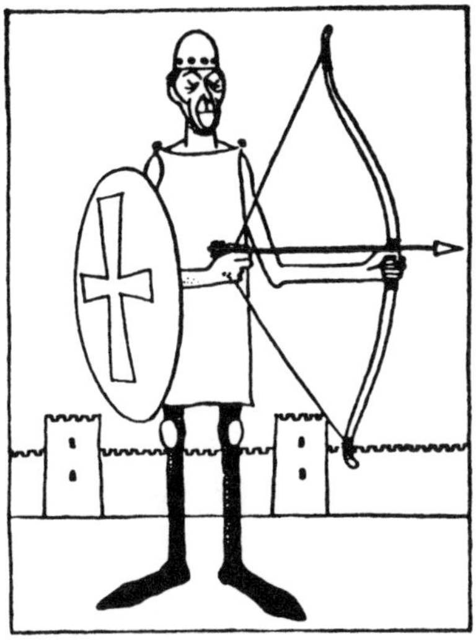

1952: Knappe Adenauer

1955: Musketier Adenauer

1958: Honest Conny

Zeichnung: Ernst Maria Lang 1958

Der Streit um den deutschen Verteidigungsbeitrag geht weiter. 1958 beschloß der Bundestag entsprechend der NATO-Planung die Ausrüstung der Bundeswehr mit taktischen Atomwaffen. Die Gefechtsköpfe sollten in Friedenszeiten unter amerikanischem Verschluß bleiben. Gegen die atomare Ausrüstung der Bundeswehr bildete sich eine Aktion „Kampf dem Atomtod". Eine der Trägerraketen für nukleare Gefechtsköpfe sollte die amerikanische Rakete „Honest John" sein.

Flucht aus der SBZ und DDR und die Mauer in Berlin

Seit der sowjetischen Besetzung Mitteldeutschlands verließ ein ununterbrochener Strom von Flüchtlingen die Sowjetische Besatzungszone (SBZ) und spätere DDR. Das Ansteigen und das Abschwellen der Flüchtlingszahlen spiegelte Verschärfung und Lockerung des Kurses der SED wider.

Bis zur Gründung der DDR 1949 hatten etwa eine halbe Million Menschen die SBZ verlassen. Zwischen 1949 und 1961 wurden jährlich zwischen 130.000 und 330.000 Flüchtlinge in den „Notaufnahmelagern" Westdeutschlands und West-Berlins registriert, insgesamt 2,7 Millionen. Einen ersten Höhepunkt erreichte die Fluchtwelle 1952/53 nach dem Beschluß der SED-Partei-Konferenz, den Aufbau des Sozialismus beschleunigt durchzuführen. Diese Fluchtbewegung, die im März 1953 mit fast 60.000 Flüchtlingen ihren Höhepunkt erreichte, endete im Juni 1953 mit der Verkündung des „Neuen Kurses", einer Liberalisierung der Verhältnisse.

Die Kollektivierung der Landwirtschaft und die forcierte Verstaatlichung der restlichen privaten Industrie-, Handels- und Handwerksbetriebe ließen die Flüchtlingszahlen 1960 erneut stark steigen. Schließlich verstärkten sich durch den Druck Chruschtschows auf Berlin und die Forderungen Ulbrichts nach einem separaten Friedensvertrag zwischen der Sowjetunion und der DDR, der ihm die Kontrolle über die Zugangswege nach West-Berlin und damit die Möglichkeit der Abschnürung der Stadt gegeben hätte, die internationalen Spannungen. Angesichts der Zuspitzung der kritischen Situation gewann die Bevölkerung den Eindruck, daß der Fluchtweg über Berlin, der bis dahin ein gefahrloses Verlassen der DDR ermöglicht hatte, nicht mehr lange offen sein werde. Daher nahmen die Flüchtlingszahlen erneut dramatisch zu (Januar bis Juli 1961 134.000). Da 50% der Flüchtlinge Jugendliche unter 25 Jahren und 60% Erwerbstätige waren (DDR-Bevölkerung 47%), hatte der Flüchtlingsstrom verheerende wirtschaftliche Auswirkungen. Die SED-Führung war nicht bereit, die Fluchtbewegung wie 1957-59 durch Erleichterungen für die Bevölkerung (Lockerung des politischen Drucks, Hebung des Lebensstandards) einzudämmen. Die Alternative war die Abriegelung der Grenzen. Sie erfolgte in der Nacht vom 12. zum 13. August 1961.

Die Westmächte ergriffen keine militärischen oder anderen Maßnahmen gegen die Grenzsperrung, sie beschränkten sich auf Proteste. Die Abgrenzung Ost-Berlins berührte nicht die von Präsident Kennedy formulierten unverrückbaren Grundsätze der Berlinpolitik: Recht der Alliierten auf Anwesenheit in West-Berlin, Recht auf Zugang, Recht auf Selbstbestimmung der Westberliner.

Die Mauer wurde ein Symbol des Versagens der SED-Führung, die es nicht vermocht hatte, in 15jähriger Herrschaft die Loyalität der Bevölkerung für ihren Staat zu erreichen. Unter machtpolitischen Gesichtspunkten war die Mauer der endgültige Abschluß der Teilung Deutschlands. Aus der Sicht der SED-Führung war die Mauer ein Wendepunkt der inneren Entwicklung der DDR, von dem aus sich eine Konsolidierung ihrer Herrschaft anbahnte.

Frei und geheim gewählt - auch ohne Pankow

In der DDR gibt es keine freien Wahlen, aber eine Abstimmung mit den Füßen. Von 1949 bis 1961 verabschiedeten sich jeden Monat sämtliche Einwohner einer Kleinstadt von der DDR, etwa die von Anklam, Langensalza oder Hildburghausen.

Zeichnung:
Mirko Szewczuk
1955

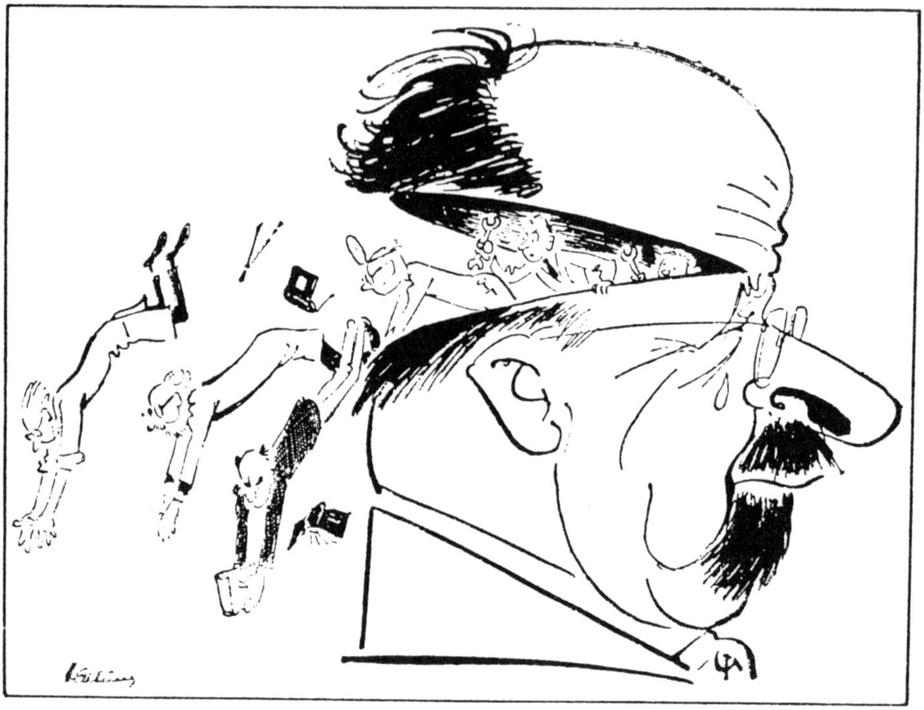

Intelligenzschwund

Zeichnung:
Wilhelm Hartung
1958

Unter den Flüchtlingen sind überdurchschnittlich viele Erwerbstätige und ein noch höherer Anteil an Personen mit Hochschulbildung, im DDR-Jargon „Intelligenzler“.

Ulbricht: „Wir bauen keine Mauer“

Zeichnung: Oskar 1961

Am 15. Juni 1961 hatte der DDR-Staatsratsvorsitzende Walter Ulbricht in einem Interview mit einem westdeutschen Journalisten gesagt:
„Ich verstehe Ihre Frage so, daß es Menschen in Westdeutschland gibt, die wünschen, daß wir die Bauarbeiter der DDR mobilisieren, um eine Mauer aufzurichten. Mir ist nicht bekannt, daß solche Absicht besteht, da sich die Bauarbeiter in der Hauptstadt hauptsächlich mit Wohnungsbau beschäftigen und ihre Arbeitskraft voll eingesetzt wird. Niemand hat die Absicht, eine Mauer zu errichten.“

Die Vertreibung ins Paradies

Zeichnung:
Paul Flora
1961

„Das Maß ist voll! Unsere Geduld ist zu Ende! Der Staat der Arbeiter und Bauern, unsere Deutsche Demokratische Republik, schützt vom heutigen Tage an wirksam seine Grenzen gegen den Kriegsherd Westberlin und gegen den Bonner Atomkriegsstaat."
Flugblatt der SED-Bezirksleitung Suhl.

„Bis hierher und nicht weiter..."

Zeichnung: Ernst Maria Lang 1961

US-Präsident John F. Kennedy hatte am 25. Juli 1961 die drei unaufgebbaren Grundsätze der amerikanischen Politik („Three Essentials") in Berlin genannt: 1. Das Recht der Alliierten auf Anwesenheit, 2. das Recht auf Zugang, 3. das Recht der Westberliner, über ihre Zukunft selbst zu bestimmen und ihre Lebensweise frei zu wählen. Das schloß Ost-Berlin und die Ostberliner nicht ein. Durch den Bau der Mauer wurde keines der drei „Essentials" berührt.

Abendliche Kreml-Gaudi: Vorlesung westlicher Protestnoten

Zeichnung: Hanns Erich Köhler 1961

Die Westmächte hüteten sich, die Abriegelung der Grenzen um West-Berlin mit irgendwelchen Gegenmaßnahmen zu beantworten. Sie schienen eher erleichtert, daß die durch den Flüchtlingsstrom ausgelöste kritische Lage bereinigt war. Erst am 15. August übergaben die westlichen Stadtkommandanten einen Protest beim sowjetischen Hauptquartier in Berlin-Karlshorst. Die Regierungen der drei Westmächte benötigten zwei weitere Tage, bis sie eine Protestnote in Moskau überreichten. Die psychologischen Auswirkungen des Mauerbaus und die ausbleibende westliche Reaktion auf die Berliner und die Westdeutschen waren verheerend.

Zum Schutze der Bewohner

„Als westlicher Vorposten des sozialistischen Lagers in Europa haben wir einen ständigen Kampf gegen den Todfeind des deutschen Volkes und der Menschheit, den westdeutschen Militarismus und Imperialismus, zu führen, gegen die Kräfte von gestern, die erneut einen Revanchekrieg entfesseln und unser ganzes deutsches Volk knechten wollen“
Walter Ulbricht im „Neuen Deutschland“.

Zeichnung:
Oskar
1961

Deutschland wollte er schreiben

Zeichnung:
Alois Kuhn
1962

„So wie man Wanderer durch ein Warnschild und eine Barriere am Betreten eines heimtückischen Sumpfgeländes hindert, so haben wir jetzt unsere Grenze geschützt.“ Friedrich Ebert, Oberbürgermeister von Ost-Berlin im „Neuen Deutschland“.

Auch diese Mauer, schon geborsten, wird stürzen über Nacht.
Frei nach Uhland

Es sollte noch 27 Jahre dauern.

Zeichnung:
Oskar
1962

Große Koalition

Ludwig Erhard, seit 1949 Wirtschaftsminister in allen Kabinetten Adenauers und „Vater des Wirtschaftswunders", trat 1963 die Nachfolge Adenauers als Bundeskanzler an. Adenauer hatte alles getan, um diesen Nachfolger zu verhindern. Er hielt den so erfolgreichen Wirtschaftsminister für ungeeignet als Kanzler und hatte damit wohl so unrecht nicht. Erhard hatte gewiß nicht den Machtinstinkt Adenauers, er fand kein Verhältnis zur existierenden Parteiendemokratie und scheiterte im Bonner Grabenkrieg.

Vordergründig zerbrach die Koalition aus CDU/CSU und FDP an einem Haushaltsdefizit. Eine Rezession hatte die Steuereinnahmen zurückgehen lassen, für 1967 wies der Haushalt einen Fehlbetrag von 3,3 Milliarden DM auf. Die Union wollte ihn notfalls durch Steuererhöhungen ausgleichen. Die FDP lehnte das ab und kündigte die Koalition auf. Der tiefere Grund für diesen Ausstieg lag darin, daß die FDP keine Lust hatte, noch länger mit CDU/CSU zusammenzugehen. Die Union ließ Erhard fallen und nominierte Kurt Georg Kiesinger zum Kanzlerkandidaten.

Er bildete eine Regierung mit 10 Ministern der CDU/CSU und 9 der SPD. Außenminister und Vizekanzler wurde Willy Brandt. In der Union gab es eine Mehrheit für die Große Koalition, sogar Adenauer sprach sich dafür aus. In der SPD hatte die Führung große Mühe, die Koalition mit dem alten politischen Gegner in der Fraktion und an der Basis durchzusetzen. Für die SPD-Führung war entscheidend, daß die Partei so an der Macht teilhaben würde und damit ihre Regierungsfähigkeit nachweisen konnte.

Die Regierung der Großen Koalition war insgesamt sehr erfolgreich und stieß daher auf große Zustimmung in der Bevölkerung. Es gelang ihr in kürzester Frist, die Wirtschaft aus der Rezession heraus und in einen Boom zu führen und die Staatsfinanzen zu konsolidieren. Entscheidende Verdienste daran hatten Bundeswirtschaftsminister Karl Schiller (SPD) und Bundesfinanzminister Franz Josef Strauß (CSU), die harmonisch zusammenarbeiteten und als „Plisch und Plum" große Popularität genossen.

Ein umstrittenes Gesetzgebungswerk war die „Notstandsverfassung", eine Reihe von Grundgesetzänderungen, die erforderlich waren, um die alliierten Vorbehaltsrechte für den Krisenfall aus dem Deutschlandvertrag abzulösen. Gegen die Notstandsgesetzgebung richtete sich heftiger Protest der „Außerparlamentarischen Opposition".

Amtsübernahme

Der Alte hat es gleich gewußt. Seine Schuhe sind für Erhard zu groß.

Zeichnung:
Ironimus
1966

Zeichnung:
Karl-Heinz Schoenfeld
1966

Ludwig Erhard war als Bundeskanzler ohne Fortüne. Jetzt läuft die Sanduhr ab.

Sic transit gloria mundi

Zeichnung:
Fritz Meinhard
1966

Politik kennt keine Dankbarkeit. Solange der „Vater des Wirtschaftswunders“ als Wahllokomotive reussierte, hielt man an ihm fest. Er wurde fallengelassen, als er diese Funktion nicht mehr ausfüllte.

Zu Seite 119:

Die Hochzeitsgesellschaft

1. Kurt Georg Kiesinger (Bundeskanzler)
2. Willy Brandt (Vizekanzler und Außenminister)
3. Herbert Wehner (Gesamtdeutsche Fragen)
4. Franz Josef Strauß (Finanzen)
5. Karl Schiller (Wirtschaft)
6. Käte Strobel (Gesundheit)
7. Gerhard Schröder (Verteidigung)
8. Gustav Heinemann (Justiz)
9. Hermann Höcherl (Ernährung)
10. Proporzerl, erdachte, aber sehr konkrete Figur
11. Ludwig Erhard, der ehemalige FDP-Minister Erich Mende, Walter Scheel, Rolf Dahlgrün, Ewald Bucher
12. Rainer Barzel, Helmut Schmidt, Eugen Gerstenmaier
13. Konrad Adenauer

1.) *Der Bräutigam*
2.) *Die Braut*
3.) *Die Brautmutter und Hauptperson*
4.) *Ein Bayerischer Verwandter, ebenfalls eine Hauptperson*
5.) *Prof. Schiller, Wirtschaftsleuchte*
6.) *Tante Käte, Hausfrau*
7.) *Vertreter der Bundeswehr*
8.) *G. Heinemann, ehem. Kanzlerschreck*
9.) *Onkel Herrmann, Bundesökonomierat*
10.) *Proporzerl (Man wird von ihm noch viel hören!)*
11.) *Eine Gruppe Rentner und Arbeitslose*
12.) *Nicht eingeladene Verwandte*
13.) *Amor, memoirenschreibend (da bei Vernunftehe überflüssig)*

Zeichnung:
Herbert Kolfhaus
1966

Das letzte Aufgebot - frei nach Defregger

Zeichnung:
Ernst Maria Lang
1967

Das Historiengemälde Franz von Defreggers zeigt das letzte Aufgebot der Alten im Tiroler Freiheitskampf gegen Napoleon im Jahre 1809. Hier tritt das letzte Aufgebot im Kampf gegen die Rezession an. (Die Stützen von Bundeskanzler Kiesinger sind W. Brandt, H. Wehner, H. Höcherl, G. Heinemann, K. Schiller, G. Schröder, C. Schmid und der von den Wünschen des bayerischen Landesvaters begleitete F. J. Strauß.)

Pfadfindertreffen in Kreßbronn

In Kreßbronn am Bodensee, dem Feriendomizil des Bundeskanzlers, trafen sich führende Politiker der Koalition, um in schwierigen Lagen nach Auswegen zu suchen - ein Vorbild für die späteren, in der Verfassung nicht vorgesehenen Koalitionsrunden.

Zeichnung:
Ernst Maria Lang
1967

Zeichnung:
Wilhelm Hartung
1967

Strauß und Schiller als Don Carlos und Marquis Posa. Strauß und Schiller traten mit dem nötigen Selbstbewußtsein auf und vermittelten den Eindruck von Entschlossenheit und Kompetenz. Der Erfolg gab ihnen recht.
Nach anderen literarischen Figuren wurden sie auch Plisch und Plum genannt.

Zeichnung:
Luis Murschetz
1968

NIEDERKUNFT

„In tiefem Kummer zeigen die Ankunft eines strammen Sprößlinks an
Die Unerfreuten Eltern"

Die Geburt der „Neuen Linken" hatte vielfältige Ursachen. Eine davon war das Unbehagen an der Großen Koalition. Im Parlament fehlte eine starke Opposition.

Zeichnung:
Hanns Erich Köhler
1967

Oppositionsmöglichkeit einer Großen Koalition

Zeichnung:
Ernst Maria Lang
1967

Die Oppositionsmöglichkeiten einer Großen Koalition können nur wenig wirkungsvoll sein.

Zeichnung:
Fritz Meinhard
1969

Die Große Koalition war von vornherein auf Zeit angelegt. Sie sollte nur solange dauern, bis die anstehenden Probleme gelöst waren. Je näher der Termin der nächsten Wahlen rückte, desto frostiger wurde das Koalitionsklima.

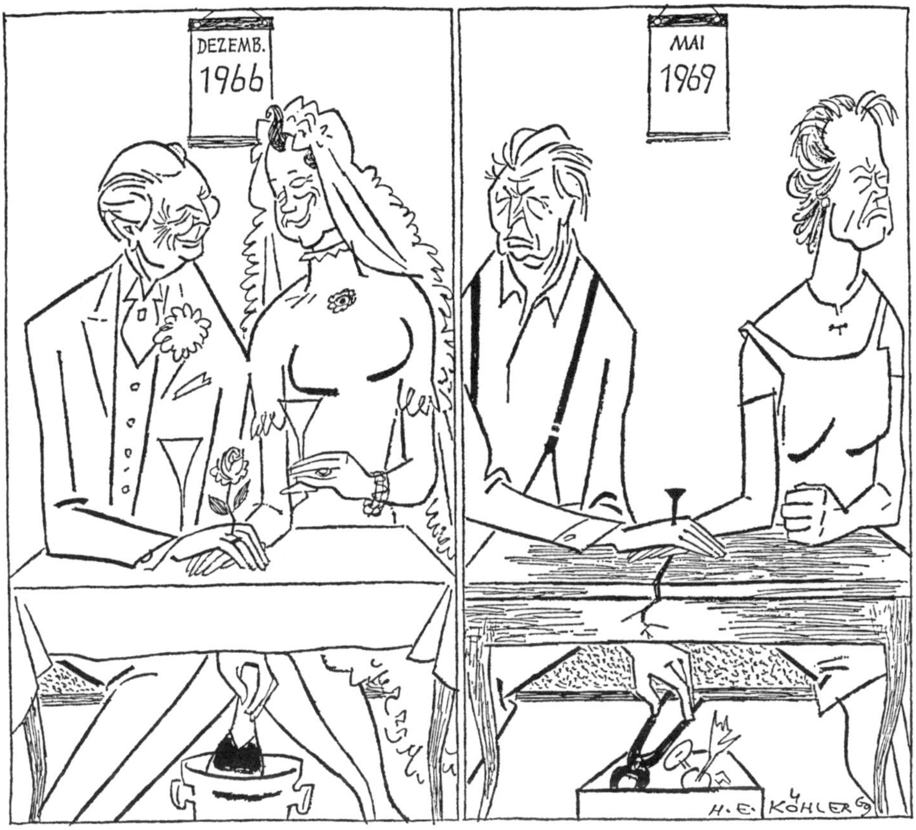

Wandlung einer Ehe

Der Tag der Scheidung rückt näher. Die Eheleute können kaum erwarten, daß die ungeliebte Verbindung aufgelöst wird.

Zeichnung:
Hanns Erich Köhler
1969

Protestbewegung / Außerparlamentarische Opposition

Zwei Jahrzehnte nach dem Ende des Krieges brach, fast unvermittelt und für die große Mehrheit der Bevölkerung überraschend, ein Konflikt zwischen Teilen der jungen Generation und Staat und Gesellschaft aus. Der Konflikt manifestierte sich in Demonstrationen und Protestaktionen, in Besetzungen (go-ins) und Sitzstreiks (sit-ins), schließlich in Gewalttaten und Brandstiftungen. Er nahm seinen Ausgang in Berlin und verbreitete sich schnell über die ganze Bundesrepublik.

Die Ursachen dieser Protestbewegung, die sich aus heterogenen Gruppen und Strömungen zusammensetzte und sich als Außerparlamentarische Opposition (APO) bezeichnete, sind vielfältig und diffus. Anstöße kamen von außen, aus den USA. Dort hatte sich ausgehend von der Universität Berkeley in Kalifornien an den Hochschulen Protest gegen das militärische Engagement in Vietnam und gegen die Diskriminierung der Schwarzen erhoben, der in eine totale Ablehnung der bestehenden Gesellschaft mündete. Diese Protestbewegung griff auf Europa über, vor allem auf Frankreich und die Bundesrepublik Deutschland. Hier hatte sich die aktive Generation nach den Jahren des Schreckens und der Entbehrungen ganz auf den Wiederaufbau konzentriert und sich mit dem wachsenden Wohlstand eingerichtet, dabei die traditionellen Werte fraglos übernommen. In einem den normalen Generationskonflikt übersteigenden Maße probten nun junge Menschen den Aufstand gegen diese technokratische und verwaltete Welt, gegen den „Konsumterror", gegen den Kapitalismus, gegen das „Establishment". Die ideologische Grundlage vermittelte die „Kritische Theorie" mit ihrer grundsätzlichen Kritik am Leistungs- und Konsumzwang des „Spätkapitalismus" und der Verheißung eines von allen Konventionen und Repressionen befreiten, radikal selbstbestimmten Menschen.

Ansatzpunkt der zunächst ausschließlich studentischen Protestbewegung waren die Hochschulen, wo die alte Ordinarienuniversität mit den Problemen der neuen Massen von Studenten nicht fertig wurde. Eine Rolle spielte sicher auch das Fehlen einer starken parlamentarischen Opposition in der Zeit der Großen Koalition, die überdies auch noch die Notstandsgesetzgebung verabschiedete.

Die ersten Demonstrationen begannen im Mai 1967 in Berlin. Als während einer Protestkundgebung gegen den Besuch des Schahs von Persien am 2. Juni 1967 in Berlin der Student Benno Ohnesorg von einem Polizeibeamten erschossen wurde, eskalierte der Konflikt. Die Demonstrationen griffen auf die Universitäten in Westdeutschland über und arteten zu schweren Gewaltaktionen aus. Am 11. April 1968, einem Gründonnerstag, wurde auf den bekanntesten Wortführer der Protestbewegung, Rudi Dutschke, ein Attentat verübt, bei dem er schwer verletzt wurde. Während der Osterfeiertage begannen die schwersten Unruhen, die Deutschland seit dem Ende der Weimarer Republik gesehen hatte. Die Osterunruhen waren der Höhepunkt und zugleich der Anfang vom Ende der APO. Die brutale Gewaltanwendung schreckte viele ab. Eine sehr kleine Minderheit beschritt den Weg in den Terrorismus, beginnend mit der Kaufhausbrandstiftung in Frankfurt am 3. April 1968. Die überwiegende Mehrheit trat nach einem Wort von Rudi Dutschke den „langen Marsch durch die Institutionen" an. Viele Anhänger und Sympathisanten der APO fanden ihre politische Heimat in der SPD, ein kleiner Teil bei der DKP und den marxistischen K-Gruppen.

Diskussion um die „Freie Gesellschaft"

Die Karikatur wurde unmittelbar nach den schweren Krawallen der Ostertage 1968 publiziert.

Zeichnung:
Hanns Erich Köhler
1968

„...die im Lichte sieht man nicht“

Zeichnung:
Ernst Maria Lang
1968

Die Krawallmacher ziehen die Aufmerksamkeit auf sich, ist die Aussage der Karikatur, und stellen die berechtigten Forderungen in den Schatten.

Wunsch und Wirklichkeit:
„...ein Ziel, aufs innigste zu wünschen,
doch die Verhältnisse, sie sind nicht so...“
(Shakespeare-Brecht)

Die Karikatur erschien am Tag vor der Dritten Lesung der Notstandsgesetze am 30. Mai 1968, bei der diese mit 368 Stimmen gegen 100 Ablehnungen verabschiedet wurden.

Zeichnung:
Fritz Meinhard
1968

„Und wissen Sie, was mein Sohn mir geantwortet hat? Liberaler Scheißer, hat er gesagt!“

Zeichnung:
Kurt Halbritter
1968

Der Sohn lehnt offenbar die repressive Toleranz des bourgeoisen Establishments ab.

„Wenn Ihr Marx nicht mal gelesen habt, kann ich mit Euch auch nicht diskutieren."

Der Generationskonflikt in der Wohnküche.

Zeichnung:
Kurt Halbritter
1968

AN DEUTSCHEN UNIVERSITÄTEN
Mao was here!

Zeichnung:
Hanns Erich Köhler
1969

Es lag nahe, Parallelen zur gleichzeitigen „Großen Proletarischen Kulturrevolution" in China zu ziehen.

Frankfurter Diskussionsbeiträge

Zeichnung:
Marie Marcks
1969

Neuheiten auf der Frankfurter Buchmesse. Welche Bücher Ihr lesen dürft, bestimmen wir.

„Man braucht ihm ja nicht gerade beizupflichten, daß die Erde viereckig sei, aber seine Ansicht zeugt von einer erfrischend unkonventionellen Denkweise und einer erfreulich fortschrittlichen Mentalität!“

Zeichnung:
Fritz Behrendt
1970

„Und sie reden in fremden Zungen...“

Zeichnung:
Ernst Maria Lang
1970

Die SPD-Führung (Wehner, Brandt, Schmidt) blickt skeptisch auf den Nachwuchs. Zwischen 1964 und 1973 traten der SPD 670.000 Mitglieder bei, die überwiegende Mehrheit nach 1968. Zeitweise waren zwei Drittel der Neuzugänge unter 35 Jahre alt. Viele dieser jungen Mitglieder forderten eine neue sozialistische Gesellschaft, sie sprachen von Systemüberwindung.

DEUTSCHUNTERRICHT
„So, wir beginnen jetzt mit dem Wort, mit dem auch die maximal Unterprivilegierten unter euch heutzutage keinerlei Kommunikationsschwierigkeiten haben werden."

Auf dem langen Marsch durch die Institutionen in der Schulstube angekommen.

Zeichnung:
Hanns Erich Köhler
1974

Machtwechsel

Die Dauer der Großen Koalition war erklärtermaßen bis zu den Bundestagswahlen 1969 begrenzt. Die nächste Bundesregierung würde, sofern die FDP den Einzug in den Bundestag schaffte, von einer Koalition der Union oder der SPD mit der FDP gebildet werden. Eine Vorentscheidung fiel, als ein halbes Jahr vor der Bundestagswahl der Bundespräsident neu zu wählen war. Die FDP entschloß sich, für den Kandidaten der Sozialdemokraten, Bundesjustizminister Gustav Heinemann, zu stimmen und nicht für den CDU/CSU-Kandidaten Gerhard Schröder, Bundesverteidigungsminister in der Großen Koalition. Schon im Januar 1969 war auf dem Parteitag in Freiburg der FDP-Bundesvorsitzende Erich Mende, der eher einer Koalition mit der Union zuneigte, durch Walter Scheel abgelöst worden, der für einen „Ruck nach vorn“ plädierte. Der zentrale Wahlkampfslogan der FDP „Wir schneiden die alten Zöpfe ab“ verhieß Fortschrittlichkeit und paßte zu dem der SPD: „Wir schaffen das moderne Deutschland“.

In den Mittelpunkt ihres Wahlkampfes stellte die FDP die Deutschlandpolitik. Ihr linker Flügel, der sich in Freiburg durchgesetzt hatte, plädierte für die Anerkennung der DDR und der Oder-Neiße-Grenze, eine prinzipielle Abkehr von den bisher verfochtenen Prinzipien. Darin trafen sich die Freien Demokraten mit der SPD, die mit dem Konzept „Wandel durch Annäherung“ ihres Vordenkers Egon Bahr ebenfalls eine neue Ostpolitik der Anerkennung des Status quo mit dem Ziel seiner Überwindung plante.

Die Wahl ergab eine knappe Mehrheit von SPD und FDP. Noch in der Wahlnacht bot Willy Brandt der FDP eine Koalition an. Nach wenigen Tagen führten die Koalitionsverhandlungen zum Erfolg. Eine Regierung mit Bundeskanzler Willy Brandt an der Spitze und dem FDP-Vorsitzenden Walter Scheel als Vizekanzler und Außenminister wurde gebildet. Die Verdrängung von CDU und CSU von ihrer seit Jahrzehnten gehaltenen Position als führenden Regierungsparteien wurde von den Anhängern der neuen Konstellation als „Machtwechsel“ im Sinne eines Kurswechsels in vielen Bereichen verstanden.

Eigenartiges Zusammenspiel -
„Ein bißchen Hausmusik, Kurt Georg - sonst gar nichts!"

Walters erste Fingerübungen auf Willys Schoß sind für Kurt Georg sichtlich irritierend. Vielleicht ahnt er, daß das Duo demnächst den Ton angeben wird.

Zeichnung:
Herbert Kolfhaus
1968

„Steig ein, Walter!"

Zeichnung:
Ernst Maria Lang
1969

Willy bringt 224 Sitze ein. Walters FDP ist arg gebeutelt worden, sie erhielt 5,8 nach 9,5 Prozent der Stimmen bei der vorangegangenen Bundestagswahl. Mit ihren 30 bringt sie die neue Koalition auf 254 Sitze und damit auf eine Mehrheit von 12 Sitzen.

DIE BUNDESLOGE
„Ihr sitzt auf unseren Plätzen!“

Die Macht des Schicksals war den bisherigen Abonnenten der Logenplätze nicht günstig. Nach 20 Jahren müssen sie räumen.

Zeichnung:
Ernst Maria Lang
1969

Die Vernunftehe

Zeichnung:
Ironimus
1969

Der Zeichner hält die neue Verbindung für eine Vernunftehe. Vielleicht war es doch eine Liebesheirat. Jedenfalls sollte sie 13 Jahre halten.

Die Lotsen gehen von und an Bord

In Bonn kommen neue Leute ans Ruder. Der Zeichner variiert die berühmte Karikatur der Londoner Zeitschrift „Punch“ zum Abgang von Bismarck, die den Titel hatte: „Der Lotse geht von Bord“. Hier wollen die neuen Lotsen an Bord gehen und stoßen auf die alten. Die haben wenig Lust, in das Oppositionsboot zu steigen. Heinemann ist schon länger an Bord.

Zeichnung:
Ernst Maria Lang
1969

Nun endgültig

Zeichnung:
Hanns Erich Köhler
1969

Die Richtlinien der Politik bestimmt ein sozialdemokratischer Bundeskanzler. Die Ära Adenauer ist damit endgültig zu Ende.

Zum Trost: ins Heilbad

Ob die Opposition wirklich ein Heilbad ist? Die Badegäste haben wohl eher das Gefühl, in zu kaltes Wasser zu tauchen.

Zeichnung:
Hanns Erich Köhler
1969

Zeichnung:
Fritz Wolf
1969

Hier hat der Zeichner das Bild von der Oppositionsbank gewählt, auf der die bisherigen Amtsinhaber Platz nehmen müssen. Sie sieht wirklich nicht einladend aus.

„Is was?“

Zeichnung:
Horst Haitzinger
1970

Eine neue Variante der Kanzlerdemokratie. Der Chef ist schon ziemlich entrückt.

Neue Ostpolitik

Die Regierung der sozial-liberalen Koalition verlor keine Zeit, ihr außenpolitisches Wahlprogramm in die Tat umzusetzen. In der Regierungserklärung bildete die Entspannungspolitik nach Osten den wichtigsten außenpolitischen Schwerpunkt. Die staatliche Existenz der DDR wurde anerkannt, indem von „zwei Staaten in Deutschland" gesprochen wurde. Im Januar 1970 begannen in Moskau Verhandlungen zwischen Staatssekretär Egon Bahr und Außenminister Gromyko über einen Gewaltverzichtsvertrag.

Obwohl die deutsch-deutschen Verhandlungen keinen Vorrang hatten, kam es noch vor dem Abschluß der Verhandlungen in Moskau zu zwei Begegnungen zwischen Bundeskanzler Brandt und dem Vorsitzenden des DDR-Ministerrats Stoph, am 19. März 1970 in Erfurt und am 21. Mai 1970 in Kassel. Damit wollte die Bundesregierung Gesprächsbereitschaft gegenüber der DDR demonstrieren und diese so daran hindern, die Verhandlungen zwischen Bonn und Moskau zu stören. Die Treffen blieben erwartungsgemäß ohne greifbares Ergebnis, weil die DDR ihre bekannten Maximalforderungen einbrachte und die Bundesregierung ohnehin keine Eile hatte.

Am 12. August 1970 wurde der Vertrag zwischen der Bundesrepublik Deutschland und der Sowjetunion (Moskauer Vertrag) unterzeichnet. Beide Staaten verpflichteten sich, ihre Streitfragen friedlich zu lösen und sich jeder Drohung und Anwendung von Gewalt zu enthalten. Sie betrachten die Grenzen aller europäischer Staaten als unverletzlich, also auch die Oder-Neiße-Linie und die Grenze zwischen der Bundesrepublik und der DDR. Die Bundesregierung übergab den „Brief zur deutschen Einheit", in dem sie feststellt, daß der Vertrag der Wiedervereinigung nicht entgegenstehe.

Kurz nach Beginn der Verhandlungen in Moskau begannen auch die Gespräche über einen Vertrag mit Polen, der am 7. Dezember 1970 in Warschau unterzeichnet wurde. Auch dieser Vertrag enthielt die Anerkennung der Oder-Neiße-Linie als polnische Westgrenze. Ein Vertrag mit Prag erklärte das Münchner Abkommen von 1938 für nichtig.

Die Bundesregierung hatte die Ratifizierung der Ostverträge von einer befriedigenden Berlin-Regelung abhängig gemacht. Es ging vor allem um den ungehinderten Transitverkehr, um die Anerkennung der Bindungen zwischen der Bundesrepublik und West-Berlin und das Recht der Bundesrepublik, Berlin nach außen zu vertreten. Die Verhandlungen wurden wegen der Zuständigkeit der vier Siegermächte für Berlin von den Botschaften der vier Mächte geführt. Sie waren langwierig und schwierig. Das Abkommen zwischen den vier Mächten wurde am 3. September 1971 unterzeichnet.

Die Ostpolitik der Regierung Brandt/Scheel löste eine lang andauernde und außerordentlich heftige Kontroverse zwischen der Regierung und den sie tragenden Parteien und der Opposition im Deutschen Bundestag aus.

Die CDU/CSU-Opposition warf der Regierung vor, sie habe

- die Verträge unter selbst auferlegtem Zeitdruck übereilt ausgehandelt und den bestehenden Verhandlungsspielraum nicht ausgeschöpft,
- einseitige und unnötige Zugeständnisse gemacht,
- die Hegemonie der Sowjetunion über Osteuropa und ihren dortigen Besitzstand anerkannt,

- bei Zugeständnissen der anderen Seite nicht auf eindeutige Formulierungen bestanden.

Die Regierung wandte gegen diese Kritik ein, sie habe

- unter einem objektiven Zeitdruck gestanden, da die bisherige deutsche Position auch in den verbündeten Ländern des Westens zunehmend auf Widerspruch gestoßen sei und die Gefahr einer Isolierung der Bundesrepublik gedroht habe,
- nur solche Positionen aufgegeben, die ohnehin nicht mehr zu halten gewesen wären,
- für den Abbau von Mißtrauen und Spannungen gesorgt,
- einen Modus vivendi mit der Sowjetunion, der DDR und den übrigen osteuropäischen Ländern erreicht.

Die Verträge mit der Sowjetunion und Polen wurden schließlich in einer Patt-Situation im Bundestag (je 248 Abgeordnete der Regierungskoalition und Opposition) bei Stimmenthaltungen und einigen Nein-Stimmen der Opposition angenommen. Die Opposition wollte eine Ablehnung der Verträge mit den daraus erwachsenden Folgen für die internationale Position der Bundesrepublik, insbesondere auch für das durch ein Junktim mit den Ostverträgen verknüpfte Viermächteabkommen über Berlin, vermeiden.

Die Regierungsmehrheit von 12 Stimmen war durch den Übertritt von Abgeordneten der Koalitionsparteien zur CDU immer mehr abgebröckelt. Die CDU/CSU-Bundestagsfraktion glaubte, im Bundestag über eine Mehrheit zu verfügen und brachte das erste konstruktive Mißtrauensvotum gegen den Bundeskanzler ein. Für den Kanzlerkandidaten der Union, Rainer Barzel, stimmten 247 Abgeordnete statt der für die Mehrheit erforderlichen 249 Abgeordneten. Das Mißtrauensvotum war damit gescheitert.

Bei der vorgezogenen Bundestagswahl am 19. November 1972 erzielten die Koalitionsparteien SPD und FDP einen großen Erfolg. Sie verfügten nun über eine Mehrheit von 46 Mandaten.

Verhandlungen über einen deutsch-deutschen Vertrag hatten schon Ende 1970 begonnen. Sie wurden auf westdeutscher Seite von Staatssekretär Egon Bahr und auf DDR-Seite von Staatssekretär Michael Kohl geführt. Sie kamen erst voran, als die Sowjetunion, die an der Ratifizierung des Moskauer Vertrages interessiert war, Druck auf die DDR ausübte, bestimmte unverzichtbare westdeutsche Forderungen zu erfüllen. Der „Vertrag über die Grundlagen der Beziehungen zwischen der Bundesrepublik Deutschland und der Deutschen Demokratischen Republik" („Grundlagenvertrag") wurde am 21. Dezember 1972 unterzeichnet. Der DDR wurde Gleichberechtigung und Unabhängigkeit zugeschrieben, der Alleinvertretungsanspruch der Bundesrepublik war damit aufgegeben. Doch wurde festgehalten, daß es weiterhin eine nationale Frage gab, und es wurden auch nur „Ständige Vertreter" anstelle von Botschaftern ausgetauscht. Zuvor hatte ein „Verkehrsvertrag" bereits den Transitverkehr und Reisen von Bürgern beider Staaten in den jeweils anderen geregelt.

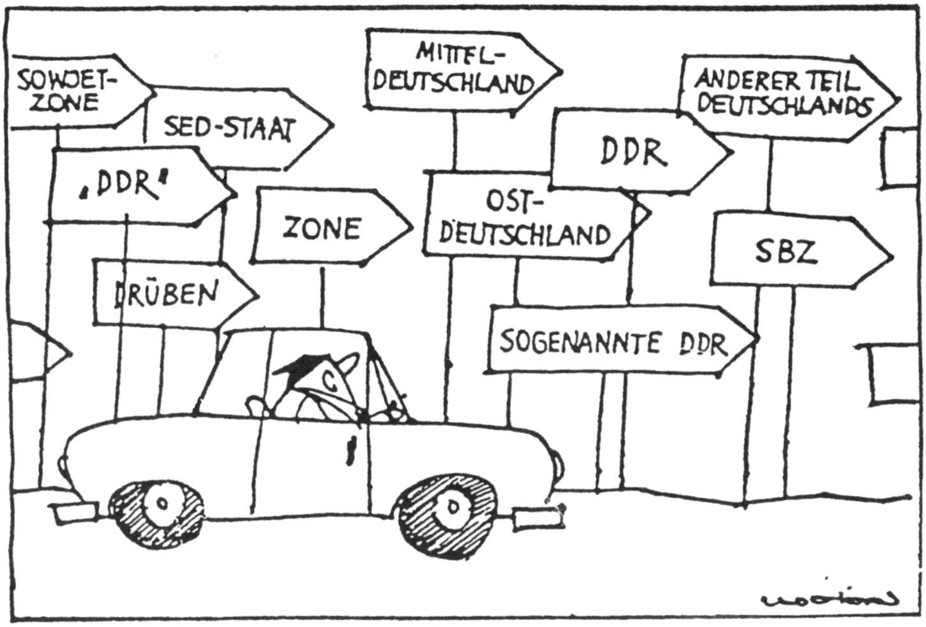

Orientierungsschwierigkeiten

Wie soll man das Gebilde nun nennen? Die Fülle der Hilfskonstruktionen spiegelt die Hilflosigkeit im Umgang mit dem ungeliebten anderen deutschen Staat wider.

Zeichnung:
Jupp Wolter
1968

„Toupet, Gebiß, Ring, Uhr..."

Zeichnung:
Fritz Behrendt
1970

Stoph kam mit Maximalforderungen nach Kassel. Sie waren schon in einem Brief Ulbrichts an Bundespräsident Heinemann vom 17. Dezember 1969 erhoben worden: völkerrechtliche Anerkennung der DDR, Aufnahme diplomatischer Beziehungen zwischen Bundesrepublik und DDR.

Zeichnung:
Peter Leger
1970

„Was sollen wir tun, Genosse Stoph? Er will auch nach Kassel!“

Da könnte ja jeder kommen. Die Ausreise in das kapitalistische Ausland wird nur gestattet, wenn gesichert ist, daß der Reisende auch zurückkehrt.

Zeichnung:
Karl-Heinz
Schoenfeld
1970

„Er ist verhandlungsbereit“

Zeichnung:
Ernst Maria Lang
1970

Egon Bahr empfiehlt nach seinen Vorgesprächen im Kreml, über einen Gewaltverzicht zu verhandeln. Der Zeichner legt die Machtverhältnisse offen.

Geisterstunde im Kreml

Zeichnung:
Ernst Maria Lang
1970

Die Last der Geschichte. Im Juli 1970 verhandelten Bundesaußenminister Scheel und der sowjetische Außenminister Gromyko unter vier Augen im Kreml. Nicht immer waren die deutsch-russischen Beziehungen gespannt, unter Bismarck waren sie sogar sehr gut. Erst seine Nachfolger kündigten die Rückversicherung in St. Petersburg auf.

Gromyko: „Soll ich nachlegen?“

Zeichnung:
Ernst Maria Lang
1970

Das Klima in Moskau war eisig. Am 2. August 1970 trafen Bundesaußenminister Scheel mit Gromyko in der Datscha des sowjetischen Außenministers zusammen. In der privaten Umgebung wurde das Klima vielleicht etwas wärmer.

Eine Quadriga für Berlin

Die vier Rösser der Quadriga bewerten das Berlin-Abkommen höchst unterschiedlich. Brandt und Scheel euphorisch, Barzel griesgrämig, und Strauß - sagen wir mal - pfeift darauf.

Zeichnung:
Ernst Maria Lang
1971

Zeichnung:
Felix Mussil
1972

Das Mißtrauensvotum war ein Rohrkrepierer. Die Opposition war sich des Erfolges völlig sicher gewesen, sie glaubte, mit genau der erforderlichen Anzahl von 249 Stimmen rechnen zu können. Zwei Abgeordnete stimmten jedoch nicht für Rainer Barzel. Einer, der CDU-Abgeordnete Julius Steiner, gab später an, mit 50.000 DM bestochen worden zu sein. Inzwischen hat sich herausgestellt, daß das Geld von der Stasi stammte.

„Würden Sie mir bitte unauffällig runterhelfen?“

Zeichnung:
aus:
„Badische Zeitung“
1972

Die Union hätte angesichts der Stimmverhältnisse im Bundestag die Ostverträge scheitern lassen können. Das hätte einen ungeheuren außenpolitischen Eklat heraufbeschworen. Der Fraktionsvorsitzende Rainer Barzel versuchte, die CDU/CSU-Fraktion auf ein Ja festzulegen. Der Weg dazu war eine „Gemeinsame Entschließung“ aller Bundestagsfraktionen. Darin wurde bekräftigt, daß die Verträge eine „friedensvertragliche Regelung für Deutschland nicht vorwegnehmen“ und daß durch sie das „unveräußerliche Recht auf Selbstbestimmung nicht berührt“ wird. Die völkerrechtliche Bedeutung einer solchen Erklärung ist nicht eindeutig. Die CDU/CSU-Fraktion beschloß schließlich, die Abstimmung freizugeben. Wer nicht mit Nein stimmen wollte, solle sich enthalten. Damit konnten die Verträge mit 248 Stimmen der Koalitionsparteien ratifiziert werden.

„Endlich Grund und Boden unter unseren Füßen“

Den Grundlagenvertrag kann man verschieden bewerten. Für den Zeichner steht Michael Kohl, der DDR-Unterhändler, auf festem Grund, während Egon Bahr nur einen wackligen Vertrag unter den Füßen hat.

Zeichnung:
Hanns Erich Köhler
1972

Zeichnung:
Hanns Erich Köhler
1973

DIE SCHÖNSTE ANERKENNUNG
„Aber wir haben ja nie geleugnet, daß es Sie gibt!"

Der Vatikan trug der neuen Lage nach den Ostverträgen insofern Rechnung, als er Weihbischöfe für die in der DDR liegenden Teile westdeutscher Bistümer einsetzte. Die Bistumsgrenzen wurden aber nicht entsprechend den Staatsgrenzen neu gezogen, und es wurden auch keine diplomatischen Beziehungen aufgenommen.

Zeichnung:
Karl-Heinz Schoenfeld
1973

Wenn schon der Heilige Vater seinen Frieden mit den Kommunisten macht, ist es natürlich eine schwere Sünde, schlecht über die Ostverträge zu denken. Aber muß die Buße so hart sein?

Von der Europäischen Wirtschaftsgemeinschaft zur Europäischen Union

Mit der Gründung der Europäischen Wirtschaftsgemeinschaft im Jahre 1957 war der Grund gelegt zu einer schrittweisen Zusammenführung der sechs Volkswirtschaften zu einem einheitlichen Wirtschaftsgebiet, dem Gemeinsamen Markt. Die erste Stufe war die Schaffung einer Zollunion, in der alle Binnenzölle abgeschafft und ein gemeinsamer Außenzoll erhoben werden sollte. Die Zollunion war am 1. Juli 1968 verwirklicht.

Die wirtschaftliche Integration würde, so hoffte man, auf andere Bereiche (Sozial-, Außen-, Verteidigungspolitik) übergreifen und schließlich zu einer Politischen Union führen. Der erwartete Durchbruch fand nicht statt, in erster Linie weil Frankreichs Staatspräsident de Gaulle in den sechziger Jahren jeden Fortschritt in Richtung auf einen europäischen Zusammenschluß blockierte. Am französischen Veto scheiterte nicht nur jedwede - über die planmäßig ablaufende Vergemeinschaftung der Wirtschaft hinausgehende - Integration weiterer Bereiche, sondern auch die Erweiterung der Gemeinschaft (die Aufnahmeanträge Großbritanniens 1963 und 1967 stießen auf das Veto Frankreichs).

Erst nach dem Rücktritt de Gaulles im April 1969 wurde die Haltung der französischen Regierung flexibler. Im Dezember 1969 beschlossen die Staats- und Regierungschefs der sechs EG-Länder die Aufnahme von Verhandlungen mit allen beitrittswilligen Ländern und die stufenweise Einführung der vollständigen Wirtschafts- und Währungsunion. Nach harten Verhandlungen wurden Beitrittsabkommen mit Großbritannien, Dänemark und Irland geschlossen, die seit 1973 Vollmitglieder der EG sind.

Die Organe der drei Gemeinschaften EWG, EGKS und EURATOM waren 1967 zusammengelegt worden. Seitdem ist die Bezeichnung „Europäische Gemeinschaft" (EG) üblich. In den achtziger Jahren traten weitere Staaten der EG bei, Griechenland 1981, Spanien und Portugal 1986.

Die Schaffung des Binnenmarktes kam nicht recht voran. Erst 1987 trat die von den 12 Mitgliederstaaten beschlossene „Einheitliche Europäische Akte" in Kraft, in der die Vollendung des Binnenmarktes bis 1993 beschlossen, bislang jedoch noch nicht vollständig erreicht wurde. Das anvisierte Ziel des Binnenmarktes gab Anlaß für die Planung einer noch weit umfassenderen Integration. 1991 wurde in Maastricht der Vertrag über die Europäische Union geschlossen, der nach Ratifizierung in allen Mitgliedstaaten 1993 in Kraft getreten ist. Die Europäische Gemeinschaft soll zu einer Politischen Union zusammenwachsen, und der gemeinsame Binnenmarkt soll zu einer Wirtschafts- und Währungsunion werden.

Zeichnung:
Karl-Heinz Schoenfeld
1965

Wird sich Europa nur noch im Schneckentempo vorwärts bewegen? Frankreichs Staatspräsident de Gaulle legt sich überall quer. 1963 legt er ein Veto gegen den Beitritt Großbritanniens zur EWG ein, 1965 läßt er die Verhandlungen über die Finanzierung der Gemeinsamen Agrarpolitik scheitern. Dabei ging es weniger um Geld, als darum, den in den Römischen Verträgen vorgesehenen Übergang von der Einstimmigkeit zur Mehrheitsentscheidung im Ministerrat zu verhindern.

„Gigantisch! Und dieses niedliche Köpfchen!“

Der Gegensatz von wirtschaftlicher Stärke und politischer Schwäche der Gemeinschaft hat die Karikaturisten von Anfang an gereizt.

Zeichnung:
Jupp Wolter
1967

Europa unterwegs...

Zeichnung:
Fritz Behrendt
1974

Die Karikatur variiert das Gemälde von Pieter Brueghel d.Ä. "Das Gleichnis vom Blinden". Der Leitgedanke ist Matthäus 15, 14 entnommen: "Laßt sie! Sie sind blinde Führer von Blinden. Wenn aber ein Blinder einen Blinden führt, so werden beide in die Grube fallen."

„Schau an, die Literatur hat aber doch enorme Fortschritte gemacht seit Moses!“

Zeichnung:
Jupp Wolter
1981

Die Klagen über den Brüsseler Wasserkopf und die Regelwut der EG-Bürokratie sind fast so alt wie die Europäischen Gemeinschaften.

„Und ich dachte immer, Europa würde auf einem Stier sitzen!“

Zeichnung:
Walter Hanel
1981

Auf der (Brüsseler) Europa-Weide

Zeichnung:
Dieter Hanitzsch
1984

Der Zeichner nimmt die üppigen Bezüge der Brüsseler Bürokratie und der Euro-Parlamentarier in Straßburg aufs Korn.

Zahlmeister Deutschland

Zeichnung:
Peter Leger
1985

Man kann die in die EG-Kasse eingezahlten Mittel mit denen verrechnen, die aus dem Agrar- oder Regionalfonds in das eigene Land zurückfließen. Dann gibt es Netto-Zahler und Netto-Empfänger. Deutschland ist der größte Netto-Zahler. Darüber wird in periodischen Abständen, vorzugsweise im Sommerloch, Beschwerde geführt. Außer acht gelassen werden dabei die Vorteile der Gemeinschaft, beispielsweise der zollfreie Zugang zum EG-Markt, in den die Hälfte der deutschen Ausfuhr fließt.

Zeichnung:
Walter Hanel
1987

Die Agrarpolitik der Gemeinschaft ist ein ständiges Ärgernis. In den 70er und 80er Jahren flossen zwei Drittel des EG-Haushalts in den Agrarmarkt, in den 90er Jahren ist es nur noch die Hälfte. Für 70 Prozent aller landwirtschaftlichen Produkte gab es eine Preis- und Absatzgarantie. Die Folge waren ständig steigende Überschüsse, die gelagert, durch subventionierte Verkäufe außerhalb der EG abgesetzt oder einfach vernichtet wurden. Milch- und Wein-Seen, Butter-, Fleisch- und Getreide-Berge waren die Folge. Inzwischen wurden die Preisgarantien reduziert und statt dessen den Landwirten direkte Einkommensbeihilfen gewährt.

Zeichnung:
Walter Hanel
1987

Zeichnung:
Gerhard Mester
1985

Frau EG kann so schwach nicht sein, wenn sich ihre Kinderzahl ständig vermehrt.

Zeichnung:
Peter Leger
1989

Die europäische Einigung hat im Laufe ihrer über vierzigjährigen Geschichte ein Wechselbad der Gefühle ausgelöst. Auf lange Sicht waren Pessimismus und Resignation jedenfalls fehl am Platze.

Und Ihr seid sicher, große Meisterin, daß Gold dabei herauskommt?

Fünfzehn Währungen werden in einen Topf geworfen. Was wird die Alchimistin daraus machen?

Zeichnung:
Jupp Wolter
1990

NATO-Doppelbeschluß/Friedensbewegung

Das atomare Arsenal der beiden Supermächte, das für eine vielfache Vernichtung des Gegners ausreichte, hatte zu einem Gleichgewicht des Schreckens geführt, das einen Krieg verhindert hat. In der Kubakrise 1962 schien allerdings ein Atomkrieg greifbar nahe gewesen zu sein. Das Erschrecken darüber führte zu ersten ernsthaften Abrüstungsverhandlungen. 1963 wurde ein Vertrag über die teilweise Einstellung von Kernwaffenversuchen geschlossen, 1968 ein Atomwaffensperrvertrag, der die Weitergabe von Atomwaffen verbot und das Monopol der bisherigen Atommächte sichern sollte. Die Bundesrepublik trat dem Atomwaffensperrvertrag 1969 bei. Im selben Jahr begannen die Verhandlungen zur Begrenzung strategischer Waffen (Strategic Arms Limitation Talks - SALT). Ein erster Vertrag zur Begrenzung ballistischer Raketenabwehrsysteme und von Interkontinentalraketen (SALT I) wurde 1972 geschlossen. Ein zweiter Vertrag (SALT II) wurde nach langen Verhandlungen 1979 unterzeichnet, jedoch unter dem Eindruck des sowjetischen Einmarsches in Afghanistan vom amerikanischen Senat nicht ratifiziert.

Die SALT-Verhandlungen und -Verträge hatten nur die Interkontinentalraketen zum Gegenstand, nicht aber Mittelstreckenraketen oder taktische Atomwaffen. Im Zuge der forcierten Modernisierung ihres Raketenarsenals seit 1975 begann die Sowjetunion 1977 mit der Aufstellung neuer Mittelstreckenraketen des Typs SS 20 mit jeweils drei Sprengköpfen. Bundeskanzler Helmut Schmidt schlug 1977 in einer Rede in London Alarm: Entweder müsse es auch in Europa Rüstungsbeschränkungen geben, oder die amerikanischen Mittelstreckenraketen in Europa müßten ebenfalls modernisiert werden. Zwei Jahre später faßte die NATO ihren „Doppelbeschluß“: Der Sowjetunion wurden Verhandlungen über einen Abbau ihrer Mittelstreckenraketen angeboten. Falls sie nicht zum Erfolg führten, würde die NATO 1983 selbst moderne Mittelstreckenraketen (108 Pershing II und 464 Cruise Missiles) aufstellen. Die Verhandlungen mit der Sowjetunion begannen 1981 und wurden Ende 1983 ergebnislos abgebrochen.

Inzwischen war in Westeuropa eine breite Massenbewegung entstanden, am weitaus stärksten in der Bundesrepublik, die sich als Friedensbewegung bezeichnete und vehement ein Ende des Rüstungswettlaufs forderte. Sie wandte sich vor allem gegen den NATO-Doppelbeschluß, die Forderungen reichten bis zur einseitigen Abrüstung des Westens. In Bonn versammelten sich im Oktober 1981 250.000 Anhänger der Friedensbewegung zu einer Protestkundgebung, der bisher größten Demonstration in der Geschichte der Bundesrepublik. Als die Stationierung amerikanischer Mittelstreckenraketen immer näher rückte, fand im Juni 1982 eine zweite Kundgebung für „Frieden und Abrüstung“ mit 350.000 Teilnehmern statt.

Auch innerhalb der SPD wuchs die Opposition gegen die Nachrüstung. Prominente SPD-Politiker traten als Redner bei Kundgebungen der Friedensbewegung auf. Bundeskanzler Helmut Schmidt hielt am NATO-Doppelbeschluß fest, große Teile seiner Partei verweigerten ihm die Gefolgschaft und trugen damit zu seinem Sturz bei.

Die Ablehnung des NATO-Doppelbeschlusses verstärkte sich noch nach dem Regierungswechsel in Bonn 1982. Auf dem Parteitag der SPD im November 1983 sprach sich eine überwältigende Mehrheit gegen die Raketenstationierung aus. CDU/CSU und FDP hielten am NATO-Doppelbeschluß fest. Mit ihrer Mehrheit billigte der Deutsche Bundestag am 22. November 1983 die Stationierung amerikanischer Mittelstreckenraketen. Am nächsten Tag begann die Aufstellung von Pershing II-Raketen in der Bundesrepublik, begleitet von heftigen Protesten.

Inzwischen hatten die USA unter Präsident Ronald Reagan massiv aufgerüstet und faßten das Projekt eines weltraumgestützten Raketenabwehrsystems (Strategic Defense Initiative = SDI) ins Auge. Die Sowjetunion konnte nicht mehr hoffen, daß die Nachrüstung an inneren Widerständen in Europa scheitern würde. Mit einem Rüstungswettlauf im Weltraum wäre sie völlig überfordert gewesen.

Am Tage nach dem Amtsantritt des neuen Generalsekretärs der KPdSU Michail Gorbatschow am 11. März 1985 wurden die Verhandlungen wieder aufgenommen und führten zum Abschluß des INF-Vertrages (Intermediate Nuclear Forces = Mittelstreckenraketen) am 8. Dezember 1987, der sogenannten Doppel-Null-Lösung: Alle in Europa stationierten amerikanischen und sowjetischen Mittelstreckenraketen werden innerhalb von drei Jahren abgebaut. Damit kommt es erstmals zu einer echten Abrüstung, eine ganze Gattung von Atomwaffen wird vernichtet.

Europa - mit sich selbst beschäftigt

Die Europäer schlagen sich in altgewohnter Manier um Marktordnung und um Preis- und Mengenkontingente und ignorieren die Drohung mit den neuen sowjetischen Raketen.

Zeichnung:
Peter Leger
1978

Wehners Fußnote

Zeichnung:
Klaus Pielert
1979

Innerhalb der Regierungskoalition gab es 1979 Meinungsverschiedenheiten über die Abrüstungs- und Sicherheitspolitik. Der SPD-Fraktionsvorsitzende Herbert Wehner griff Außenminister Genscher scharf an und mußte sich später entschuldigen.

„Alles einsteigen, Genossen, ein anderer Zug kommt nicht!“

Beim SPD-Parteitag in Berlin 1979 unterstützte die Mehrheit der Delegierten die Energie- und Sicherheitspolitik der Regierung, doch stimmten immerhin mehr als ein Drittel gegen die entsprechenden Leitanträge des Parteivorstandes.

Zeichnung:
Horst Haitzinger
1979

Zeichnung:
Hanns Erich Köhler
1981

Die Debatte über den NATO-Doppelbeschluß war hoch emotionalisiert. Die Gegner der Nachrüstung beschuldigten die Befürworter, sie riskierten einen Atomkrieg oder wollten ihn sogar mutwillig herbeiführen. Die Befürworter wiederum beschuldigten die Gegner, sie arbeiteten den Sowjets in die Hände und riskierten den Verlust der Freiheit. Dabei geriet aus dem Blick, daß beide Seiten den Frieden erhalten wollten und daß der Streit darum ging, welcher Weg der beste oder "richtige" sei.

Zeichnung:
Winfried Schlever
1985

Taubenplage

Der Riß zwischen Befürwortern und Gegnern der Nachrüstung ging quer durch die SPD. Helmut Schmidt hat seine liebe Not mit den Friedenstauben, Willy Brandt und Erhard Eppler lieben sie.

Zeichnung:
Horst Haitzinger
1981

Zeichnung:
Walter Hanel
1982

Nach der Wende in Bonn hat die SPD keine Veranlassung mehr, die Nachrüstung zu unterstützen.

Zeichnung:
Walter Hanel
1983

Die SPD hat sich endgültig von der Nachrüstung verabschiedet.

SD-Ei

Vielleicht überschätzt der Zeichner die Begeisterung von Kohl, Strauß und Genscher über das neue Ei. Brandt und Vogel wollen jedenfalls nichts davon wissen.

Zeichnung:
Ernst Maria Lang
1985

Schach dem Bauern

Zeichnung: Walter Hanel 1987

Der INF-Vertrag schloß nicht nur den Abbau von Mittelstreckenraketen längerer Reichweite, sondern auch von solchen kürzerer Reichweite ein (Doppel-Null-Lösung). Zur letzteren Kategorie gehörten die 72 Pershing I A-Raketen der Bundeswehr, deren Atomsprengköpfe sich in amerikanischem Gewahrsam befanden. Dagegen erhob sich Widerspruch bei der CSU und bei Teilen der CDU. Bundeskanzler Helmut Kohl entschied unter Berufung auf seine Richtlinienkompetenz, daß diese Raketen ebenfalls abgebaut werden sollten und trug damit zu erfolgreichen Abschluß der INF-Verhandlungen bei.

1982 war wieder, wie 1969, ein Koalitions- und damit ein Regierungswechsel in Bonn fällig, für den sich sehr bald der Begriff „Wende" einbürgerte. Wie schon der „Machtwechsel" von 1969 wurde die „Wende" von 1982 dadurch vollzogen, daß die FDP die Seiten wechselte, dieses Mal ohne das Zwischenspiel der Großen Koalition. Zu den Parallelen gehört auch, daß der amtierende Kanzler, Erhard 1966, Schmidt 1982, zunehmend die Unterstützung seiner eigenen Partei (und Bundestagsfraktion) verloren hatte. Bundeskanzler Helmut Schmidt sah sich am 5. Februar 1982 zu dem ungewöhnlichen Schritt genötigt, die Vertrauensfrage zu stellen. In der Tat sprachen ihm die beiden Koalitionsfraktionen SPD und FDP mit allen Stimmen das Vertrauen aus, aber das konnte die mangelnde Geschlossenheit der Regierungsmehrheit höchstens verdecken.

Auslöser der Regierungskrise war, auch dies eine Parallele zum Sturz der Regierung Erhard 1966, eine Krise der Staatsfinanzen. Die FDP wollte die staatliche Kreditaufnahme stärker einschränken und Kürzungen der Sozialausgaben vornehmen. In der SPD machte sich immer stärker Unmut über die Sparpolitik der Regierung breit. Auch Schmidts Festhalten am NATO-Doppelbeschluß trug nicht dazu bei, seine Position in Partei und Fraktion zu festigen.

Der FDP, die fürchtete, in den drohenden Niedergang der SPD hineingezogen zu werden, und einen Vorwand für den Absprung suchte, kam der Zwist gerade recht. Bundeswirtschaftsminister Otto Graf Lambsdorff forderte in einem „Konzept für eine Politik zur Überwindung der Wachstumsschwäche und zur Bekämpfung der Arbeitslosigkeit" noch entscheidendere Eingriffe in das soziale Netz und zugleich eine Steuerpolitik zugunsten der Unternehmen. Das konnte für die SPD nur das Scheidungspapier sein. Bundeskanzler Helmut Schmidt kündigte das Regierungsbündnis auf, die vier FDP-Minister traten zurück.

Bundesaußenminister Hans-Dietrich Genscher, freundschaftlich mit Oppositionsführer Helmut Kohl verbunden, und andere führende FDP-Politiker hatten natürlich schon geraume Zeit zuvor mit der CDU/CSU Gespräche über einen möglichen Koalitionswechsel geführt. Jetzt wurden sogleich Koalitionsverhandlungen aufgenommen. Sie mündeten in den Beschluß, Bundeskanzler Schmidt am 1. Oktober 1982 durch ein konstruktives Mißtrauensvotum zu stürzen, Helmut Kohl zum Bundeskanzler zu wählen und später Neuwahlen anzusetzen.

Es war das erste und bislang einzige erfolgreiche konstruktive Mißtrauensvotum in der Geschichte der Bundesrepublik. Helmut Kohl wurde mit einer Mehrheit von 17 Stimmen zum Bundeskanzler gewählt. Auf dem einen Monat später stattfindenden FDP-Parteitag brachen die schwelenden Auseinandersetzungen zwischen der Mehrheit der FDP unter Genscher und der linken Minderheit offen aus. Mehrere prominente FDP-Politiker traten aus der Partei aus, einige von ihnen schlossen sich der SPD an.

Die vorgezogene Bundestagswahl wurde dadurch herbeigeführt, daß Bundeskanzler Kohl die Vertrauensfrage stellte und die CDU/CSU- und FDP-Abgeordneten sich der Stimme enthielten, während die SPD mit Nein stimmte. Kohl schlug Bundespräsident Carstens nunmehr vor, den Bundestag aufzulösen und

Neuwahlen anzusetzen. Gegen dieses Verfahren wurde später Klage beim Bundesverfassungsgericht erhoben, die Klage wurde vom Gericht abgewiesen.
Bei den vorgezogenen Bundestagswahlen am 6. März 1983 erhielt die CDU/CSU 48,8 Prozent der Stimmen und verfehlte knapp die absolute Mehrheit, die FDP kam nach der Zerreißprobe des Koalitionswechsels auf 6,9 Prozent, die SPD erhielt 38,2 Prozent. Zum ersten Mal zogen die Grünen mit 5,6 Prozent in den Bundestag ein.

„...und wer sind Sie???“

Zeichnung:
Horst Haitzinger
1982

Februar 1982: Aschermittwoch für die Koalition.

Boat people

Auf dem SPD-Parteitag im April 1982 in München scharen sich die Sozialdemokraten noch einmal um ihren Kanzler. Die Partei weiß, daß sie alle in einem Boot sitzen. Scheitert es, wird nicht nur der Kapitän sein Kommando verlieren.

Zeichnung:
Horst Haitzinger
1982

Zeichnung:
Walter Hanel
1982

Nun ist die Koalition endgültig ein Wrack. Genscher angelt schon nach einem Rettungsboot.

Thesenanschlag

Graf Lambsdorff hat seine Thesen zwar nicht an die Tür einer Schloßkirche geschlagen, aber das Ergebnis gleicht dem Thesenanschlag 475 Jahre zuvor. Es ist das Fanal zur Spaltung.

Zeichnung:
Klaus Pielert
1982

Es muß was Wunderbares sein...

Zeichnung:
Horst Haitzinger
1982

Helmut Kohl hat sein Ziel, den Kanzlersessel, endlich erreicht. Er scheint sich dort ausgesprochen wohl zu fühlen. Der Zeichner bezweifelt offensichtlich, daß dies eine bequeme Sitzgelegenheit ist.

Auch dieser Zeichner schätzt den Optimismus des neuen Kanzlers hoch ein, ganz im Gegensatz zur Stimmung seiner Umgebung.

Zeichnung:
Peter Gaymann
1982

Zeichnung: Pepsch Gottscheber 1982

Der linke Flügel hat sich schon selbständig gemacht. Genscher treibt ein riskantes Spiel. Kann er mit nur einem Flügel abheben, oder wird es ein Sturz in den Abgrund?

Zu den Stereotypen der Wahlberichterstattung gehört die Klage, daß die Politiker den politischen Gegner persönlich attackieren, womöglich mit unfeinen Bezeichnungen belegen, anstatt sich über Sachfragen auseinanderzusetzen. Aber welcher Wähler wird durch Debatten über langweilige Sachthemen aus seiner Lethargie geweckt? Wenn ein polemisches Talent wie Franz Josef Strauß loslegte, war das allemal amüsanter. Sein Gegenspieler in dieser Zeichnung, der SPD-Kanzlerkandidat Hans-Jochen Vogel, konnte sehr wohl auch austeilen.

Zeichnung:
Dieter Hanitzsch
1983

„Spürst Du den Auftrieb, Hans Dietrich?..."

Zeichnung:
Werner Hanel
1983

Nach den heftigen Auseinandersetzungen um den Koalitionswechsel signalisierten Meinungsumfragen der FDP ein knappes Ergebnis bei der Bundestagswahl 1983. Die Protagonisten des Wechsels, Genscher und Lambsdorff, machen sich gegenseitig Mut. Die FDP wird schon noch über 5 Prozent landen. Skeptisch sind dagegen die FDP-Politiker Wolfgang Mischnick, Gerhard Rudolf Baum und Ralf Dahrendorf.

Deutsche Frage / Deutsch-deutsche Beziehungen bis zur Wende

Die deutsch-deutschen Beziehungen blieben auch nach den Ostverträgen prekär. Sie wurden naturgemäß beeinflußt von der politischen Großwetterlage, also vom Verhältnis zwischen dem Westen und der Sowjetunion. Es gab aber auch ein Auf und Ab von Abgrenzung und Zusammenwirken, das vornehmlich von den jeweiligen Interessen und den inneren Zuständen der DDR bestimmt war. Die Bundesregierung war bestrebt, die Bindungen und Verbindungen zu stärken, die Regierung der DDR suchte die Zwei-Staatlichkeit zu verstärken, beispielsweise indem sie auf die Anerkennung der DDR-Staatsbürgerschaft bestand. Zugleich war sie darauf angewiesen, größtmöglichen ökonomischen Nutzen aus der Verbindung mit der Bundesrepublik zu ziehen. Barometer für den Stand der Beziehungen waren der Transitverkehr zwischen der Bundesrepublik und West-Berlin und der Reiseverkehr zwischen Bundesrepublik und West-Berlin und der DDR.

1974 wurde die DDR-Verfassung zum zweiten Mal geändert (erste Verfassung 1949, zweite 1968). Alle Hinweise auf eine einheitliche deutsche Nation und auf die Wiedervereinigung wurden gestrichen. Die DDR wurde in Artikel 6 der Verfassung „für immer und unwiderruflich" an die Sowjetunion gebunden.

Nach dem Verkehrsvertrag stieg der Reiseverkehr zwischen den beiden Teilen Deutschlands sprunghaft an. Erstmalig konnten DDR-Bürger, die noch nicht im Rentenalter waren, in dringenden Familienangelegenheiten nach Westen reisen. Immer wieder gab es auch Schikanen an den Zugangswegen. Die DDR ließ sich den Transit- und Reiseverkehr teuer bezahlen. Milliarden wurden für die neue Autobahn von Hamburg nach Berlin, für die grundlegende Erneuerung der Autobahnen Helmstedt - Berlin, Hirschberg - Berlin, für den Ausbau der Transit-Wasserstraßen sowie für jährliche Transitpauschalen bezahlt.

Von großem Wert war für die DDR, daß sie einen von Zöllen unbehinderten Zugang zum EG-Markt hatte. Seit 1968 verfügte die DDR über einen zinslosen Überziehungskredit (Swing) in der Bundesrepublik, der immer wieder erhöht wurde. 1983 übernahm die Bundesregierung die Bürgschaft für einen Bankkredit von einer Milliarde DM, den der bayrische Ministerpräsident Franz Josef Strauß „eingefädelt" hatte. In den 80er Jahren beliefen sich die Zahlungen aus Westdeutschland an die DDR auf jährlich mindestens 2,5 Milliarden DM.

Das Wechselspiel von Konfrontation und Kooperation läßt sich auch an den Ankündigungen und Absagen ablesen, die den beiden Besuchen der Regierungschefs von Bundesrepublik Deutschland und DDR im anderen deutschen Staat vorangingen. Im Sommer 1980 wurde verabredet, daß Bundeskanzler Helmut Schmidt im August in die DDR fahren sollte. Angesichts der Streikbewegung in Danzig und der drohenden sowjetischen Intervention sagte er den Besuch kurzfristig ab. Danach wurde er noch mehrmals verschoben und kam erst im Dezember 1981 zustande. Schmidt und Honecker trafen sich am Werbellinsee.

1983 sollte Honecker nach Bonn kommen. Der Besuch wurde immer wieder festgelegt und kurzfristig abgesagt. Schließlich kam der Staatsratsvorsitzende vier Jahre später, im September 1987, und wurde wie ein Staatsgast empfangen.

Es läßt sich darüber streiten, welchen Nutzen oder Schaden diese deutsch-deutschen "Gipfeltreffen" gestiftet haben. Sie haben sicherlich die DDR intern und international aufgewertet, andererseits aber in der DDR Erwartungen im Hinblick auf Menschenrechte, Freizügigkeit und Meinungsfreiheit geweckt, die unerfüllt bleiben mußten und die Unzufriedenheit mit den herrschenden Zuständen verstärkt haben.

MENSCHLICHE ERLEICHTERUNGEN
„Na, Genossen - diese automatischen Schießanlagen entheben euch jetzt der eventuellen Gewissensbelastungen."

Zeichnung: Hanns Erich Köhler 1972

Die Grenzanlagen wurden immer mehr perfektioniert. In den 70er Jahren wurden Selbstschußgeräte (Todesautomaten) eingebaut, die auf Berührung mit einem Kugelhagel reagierten. Sie wurden 1984, nach der Bürgschaft der Bundesregierung für den Milliardenkredit, wieder beseitigt.

„Derartige revanchistische Schmierereien sollten endlich in unserer Deutschen Demokratischen Republik verboten werden!"

Zeichnung: Jupp Wolter 1974

Die DDR ist nicht mehr ein „sozialistischer Staat deutscher Nation", wie noch in der Verfassung von 1968, sondern ein „sozialistischer Staat der Arbeiter und Bauern". Die gemeinsame deutsche Nation gibt es nicht mehr. Auf die Frage, ob man in der Deutschen Demokratischen Republik noch Deutscher sei, gab Honecker die Antwort: Zwei Staaten - zwei Nationen - zwei Staatsbürgerschaften - eine Nationalität (nämlich deutsch).

Menschliche Erleichterungen

Zeichnung:
Josef Blaumeiser
1977

Alle „menschlichen Erleichterungen“ konnten nicht vergessen machen, daß mitten durch Deutschland eine Grenze verlief, an der Todesschüsse auf Menschen abgegeben wurden. An der innerdeutschen Grenze kamen bis zum 9. November 1989 119 Menschen, an der Berliner Mauer 78 Menschen zu Tode, die überwiegende Mehrheit wurde von den DDR-Grenztruppen erschossen.

Frau Holle!

Die Beziehungen zwischen der Bundesrepublik und der DDR erreichten Ende der siebziger Jahre einen Tiefpunkt. Die DDR verschärfte ihre Unterdrückungsmaßnahmen gegen Dissidenten, westdeutsche Korrespondenten wurden massiv in ihrer Arbeit behindert.

Zeichnung:
Horst Haitzinger
1978

„Warum ziehen wir diesem boshaften Vieh nicht endlich einmal eins über den Rücken?“

Zeichnung:
Horst Haitzinger
1980

Der NATO-Doppelbeschluß (12. Dezember 1979) und die Intervention der Sowjetunion in Afghanistan (27.Dezember 1979) hatten den Ost-West-Gegensatz im Jahre 1980 drastisch verschärft. Das schlug sich auch in den Abgrenzungsbemühungen der DDR nieder. Am 13. Oktober 1980 wurde der Mindestumtausch für Reisende aus der Bundesrepublik, auch für Rentner, auf 25 DM erhöht, um die Reisen in die DDR zu reduzieren. Am gleichen Tag hielt Honecker eine Rede in Gera, in der er forderte, die DDR-Staatsbürgerschaft anzuerkennen, die Ständigen Vertretungen in Botschaften umzuwandeln und die Zentrale Erfassungsstelle für Gewalttaten und Unrechtsurteile der DDR in Salzgitter abzuschaffen.

Die Karikatur legt das Dilemma der Bundesregierung offen. Sie muß die Schikanen der DDR hinnehmen, weil alle Gegenmaßnahmen nur die Bevölkerung der DDR treffen würden.

„Nach den Pyramiden und der Chinesischen Mauer das bedeutendste Bauwerk der Welt!"

Wenn auch die Umwelt immer stärker zerstört wurde und Innenstädte verfielen, hatte die DDR wenigstens ein bedeutendes Bauwerk aufzuweisen.

Zeichnung:
Hans Geisen
1981

„Hier Lagerleiter Honecker, ich brauch' wieder neue Ware!“

Zeichnung:
Horst Haitzinger
1981

Eine der Geldquellen des SED-Regimes war der Verkauf von Häftlingen. Die Quelle kam einem Goldesel recht nahe. Man brauchte nur Menschen wegen nichtiger Delikte zu verhaften, länger oder kürzer in Gefängnissen schmoren zu lassen und dann der Bundesregierung zum „Freikauf“ anzubieten. Der Verkaufspreis stieg immer höher und pendelte sich schließlich bei 40.000 DM ein. Beruflich besonders qualifizierte Leute konnten bis zu 100.000 DM einbringen.

Am laufenden Band...

Bundesdeutsche Politiker jedweder Couleur standen Schlange, um eine Audienz beim Großen Vorsitzenden oder wenigstens bei einem der Politbüro-Fürsten zu erhalten. Der Zeichner hat hier Franz Josef Strauß, Otto Graf Lambsdorff, Hans-Jochen Vogel, Horst Ehmke und Wolfgang Mischnik herausgepickt.

Zeichnung:
Walter Hanel
1983

Am Ende einer Reise

Zeichnung:
Felix Mussil
1987

Die Präliminarien des Honecker-Besuches in Bonn nahmen zeitweise Züge des absurden Theaters an. Er kommt - er kommt nicht - er kommt - er kommt nicht - hieß es über Monate, wie in dem innigen Gänseblümchenspiel. Dann kam er - und ging wieder hinter seine Mauer zurück. War das was?

„Tatsächlich, sie ist noch offen.
Ich glaube, man riecht's auch langsam!"

Wer nach 40 Jahren Trennung noch die Deutsche Frage offen halten wollte, galt bestenfalls als weltferner Illusionist, wenn nicht als eine Gefahr für den Weltfrieden.

Zeichnung:
Horst Haitzinger
1985

„Der Wind ist günstig, Herr Staatsratsvorsitzender!"

Zeichnung:
Walter Hanel
1988

Der Herr Staatsratsvorsitzende zögert sichtlich, mit dem Drachen abzuheben. Er ahnt wohl, daß es kein Höhenflug werden, sondern in einem tödlichen Sturz enden würde.
Der DDR-Führung war klar, daß die Reformpolitik Gorbatschows ihr den Boden unter den Füßen wegzuziehen drohte. Eine "kapitalistische" DDR würde ihre Legitimation verlieren. Daher konnte der Spruch "Von der Sowjetunion lernen, heißt siegen lernen" nicht mehr gelten. Die DDR-Führung betonte, Reformen wie in der Sowjetunion seien wegen des hohen Entwicklungsstandes der DDR nicht nötig, oder flüchteten sich in Sprüche wie den, man habe nicht vor, die Wohnung neu zu tapezieren, nur weil der Nachbar es tue.

Wende in der DDR/Öffnung der Mauer

Die Öffnung der Mauer in Berlin in der Nacht vom 9. zum 10. November 1989 stellt den entscheidenden Einschnitt in der Geschichte Deutschlands nach 1945 dar. Es war der Anfang eines Prozesses, an dessen Ende die deutsche Einheit stand. Zugleich markierte der Fall der Mauer zumindest symbolisch das Ende des Kalten Krieges, dessen augenfälligstes Ergebnis die Teilung Deutschlands und die Spaltung Berlins gewesen war.

Für die überwiegende Mehrheit der Westdeutschen war die Einheit der Nation zumindest kein aktuelles Thema mehr. Das traf noch mehr für die politische Klasse zu, in der nicht wenige die Wiedervereinigung als unerwünscht oder sogar als gefährlich ansahen. In der DDR entwickelte sich dagegen, ermutigt durch Gorbatschows Glasnost und Perestroika, eine Oppositionsbewegung, deren Ziel sicherlich nicht die Wiedervereinigung - sie schien unerreichbar, manchem auch nicht wünschenswert -, wohl aber die Überwindung des Status quo war, mit dem die Bundesrepublikaner sich so gut eingerichtet hatten. Menschen- und Bürgerrechtsgruppen, vielfach unter dem „Dach" der evangelischen Kirche, forderten die Einhaltung der KSZE-Verpflichtungen, den Abbau des Überwachungs- und Spitzelsystems oder sogar eine grundlegende Erneuerung des Staates. Andere, die an eine Reformfähigkeit des erstarrten Systems nicht glaubten, versuchten mit allen Mitteln in die Bundesrepublik auszureisen, zunehmend die Ausreise sogar zu erzwingen.

Im Januar 1989 besetzte eine größere Gruppe zur Ausreise entschlossener DDR-Bürger die Ständige Vertretung der Bundesrepublik in Ost-Berlin und erreichte die Zusicherung der Ausreise. Im Mai kündigte Ungarn den Abbau seiner Grenzanlagen zu Österreich an, die DDR reagierte mit Einschränkungen der Reisen nach Ungarn. Die Sommermonate nutzten dann zahlreiche Bürger der DDR zu Reisen nach Polen, in die Tschechoslowakei und Ungarn, wo sie in den Botschaften der Bundesrepublik Zuflucht suchten. Als erstes Land öffnete Ungarn am 11. September seine Grenzen nach Österreich. Zehntausende nutzten das Schlupfloch zur Flucht. In den nächsten Tagen und Wochen wurden viele tausende Botschaftsbesetzer in Sonderzügen aus Prag und Warschau über DDR-Gebiet in die Bundesrepublik gebracht.

Diese Vorgänge, die die DDR-Bürger allabendlich im Fernsehen miterleben konnten, führten zu einem rasch wachsenden Legitimationsverlust des SED-Regimes. Immer mehr Bürger, die nicht ausreisen, sondern im Lande bleiben wollten („Wir bleiben hier"), forderten Veränderungen. In den Städten gingen die Menschen auf die Straße, allen voran die Bürger Leipzigs, wo am 4. September, einem Montag, die erste Demonstration mit mehr als 1.000 Teilnehmern stattfand. Von da an versammeln sich allwöchentlich immer mehr Bürger Leipzigs zur Montagsdemonstration. Am 16. Oktober waren es weit über 100.000. Verlangten die ersten Demonstranten noch Reisefreiheit und „Stasi raus", kündeten später Forderungen nach Freiheit und freien Wahlen und der Ruf „Wir sind das Volk" von immer mehr zunehmenden Selbstbewußtsein der Bürger.

In dieser Situation mußten die Feiern zum 40. Jahrestag der Gründung der DDR am 7. Oktober völlig anachronistisch erscheinen. In seiner Festansprache feierte Honnecker die DDR als „Bollwerk des Sozialismus" gegen den „Imperialismus". Der sowjetische Staats- und Parteichef Gorbatschow mahnte als Gast Reformen an und sprach sein berühmt gewordenes Wort „Wer zu spät kommt, den bestraft das Leben". Währenddessen gingen die Sicherheitskräfte brutal gegen Demonstranten vor. Als am 9. Oktober in Leipzig eine äußerst kritische Situation entstand, schreckte die örtliche SED-Führung vor Gewaltanwendung zurück.

Zu spät versuchten Teile der SED-Führung, durch personelle Veränderungen und die Ankündigung von Reformen den Zusammenbruch des Regimes aufzuhalten. Am 18. Oktober trat Honecker zurück, sein Nachfolger wurde Egon Krenz. Am 4. November versammelten sich in Ostberlin 700.000 Menschen zur größten Demonstration in der Geschichte der DDR. Am 6. November wurde der Entwurf eines neuen Reisegesetzes veröffentlicht. In einer Pressekonferenz am Abend des 9. November verkündete der 1. Sekretär der SED in Berlin, Günter Schabowski, die neuen Reisebestimmungen seien ab sofort in Kraft. Noch in der Nacht strömten Tausende DDR-Bürger nach West-Berlin und in die Bundesrepublik.

„Wo gibt's denn hier Ausreiseanträge in die DDR?"

Zeichnung:
Horst Haitzinger
1989

In der sowjetischen Monatszeitschrift „Sputnik" wird Stalin als Gehilfe Hitlers bezeichnet. Daraufhin wird die deutsche Ausgabe der Zeitschrift, die in der DDR viele Leser hat, am 20. November 1988 verboten.

„Ich wollte, es würde Nacht, oder die Chinesen kämen!“

Zeichnung:
Horst Haitzinger
1989

In der Sowjetunion hat Gorbatschow Glasnost und Perestroika verordnet. In Polen sitzen Solidarnosc Führer Lech Walesa, Primas Kardinal Glemp und Staats- und Parteichef General Jaruzelski am „Runden Tisch“. In Ungarn war Parteichef Kadar abgelöst worden, die Alleinherrschaft der KP neigt sich dem Ende zu. Was soll da aus der DDR werden. Zum Glück gibt es noch die Chinesen. Deren „Volksbefreiungsarmee“ hatte am 4. Juni 1989 die Massendemonstration auf dem Platz vor dem „Tor des himmlischen Friedens“ mit Panzern niedergeschlagen und dabei einige hundert oder einige tausend Demonstranten getötet. Die DDR-Volkskammer begrüßte das Massaker von Peking und erklärte, man habe es in der DDR mit denselben Gegnern zu tun.

Zeichnung:
Horst Haitzinger
1989

Diesen Kernsatz äußerte Honecker am 14. August 1989. Die Massenflucht hatte gerade begonnen.

Zeichnung:
Walter Hanel
1989

Die Letzten ihrer Art

Zeichnung:
Walter Hanel
1989

In ihrer Reformunwilligkeit und -unfähigkeit ist die DDR nur noch mit dem Rumänien Ceausescus vergleichbar. Dessen Stunde sollte zwei Monate später als die Honeckers schlagen. Am 22. Dezember 1989 wurde er abgesetzt und wenig später hingerichtet.

Zeichnung:
Walter Hanel
1989

„Ich möchte für den 7. Oktober ein Leih-Volk leasen!"

Zeichnung:
Horst Haitzinger
1989

Nach dem Aufstand des 17. Juni
Ließ der Sekretär des Schriftstellerverbandes
In der Stalinallee Flugblätter verteilen,
Auf denen zu lesen war, daß das Volk
Das Vertrauen der Regierung verscherzt habe
Und es nur durch verdoppelte Arbeit
Zurückerobern könne. Wäre es da
Nicht einfacher, die Regierung
Löste das Volk auf und
Wählte ein anderes?
Berthold Brecht

Ein Volk aufzulösen und ein anderes zu wählen, ist wohl sehr schwierig. Aber vielleicht kann man eins leasen, für einen begrenzten Zeitraum wenigstens, zum Beispiel für die Feier des 40. Staatsjubiläums.

Verpatzte Feier

Zeichnung:
Luis Murschetz
1989

Es hätte eine so schöne Geburtstagsfeier werden können. Da kommen diese Trampel und machen alles kaputt.

„Deine 100 Jahre waren aber schnell vorbei, Erich!“

Zeichnung:
Rolf Henn
1989

Am 19. Januar 1989 hatte Honecker versichert, die Mauer werde „so lange bleiben, wie die Bedingungen nicht geändert werden, die zu ihrer Errichtung geführt haben“. Sie werde in 50 und auch in 100 Jahren noch bestehen bleiben.

9. November 1989

Zeichnung:
Walter Hanel
1989

Zeichnung:
Oskar
1990

„Wieder so eine dybische Falschmeldung der monobolgabidalisdischen Westbresse!"

Ausland und deutsche Einheit/ Zwei-plus-Vier-Vertrag

Außerhalb Deutschlands hatte man sich ebenso wie in der Bundesrepublik mit der Teilung Deutschlands sehr gut eingerichtet. Das Bonmot des französischen Schriftstellers François Mauriac, er liebe Deutschland so sehr, daß er froh sei, daß es jetzt zwei davon gebe, war vielen aus der Seele gesprochen. Im Deutschlandvertrag von 1954 hatten sich die Westalliierten verpflichtet, ein wiedervereinigtes Deutschland anzustreben, das eine freiheitliche Verfassung besitzt, aber solange die Sowjetunion die Hand über die DDR hielt, war da wenig zu erwarten oder zu befürchten.

Die Bilder von den Bürgern der DDR, die auf friedliche Weise eine Diktatur abschüttelten, riefen auch im Ausland eine Welle der Sympathie hervor. Im September 1989 sprachen sich beispielsweise 80 Prozent der Franzosen und der Amerikaner für die deutsche Einheit aus. Die Zahl der Befürworter nahm, nicht zuletzt unter dem Einfluß der negativen Haltung eines Teiles der Medien, überall ab, je konkreter die Aussicht auf eine Wiedervereinigung wurde, doch waren im März 1990 in Frankreich und in den USA noch 60 Prozent dafür und nur 15 bzw. 13 Prozent dagegen, in Großbritannien immerhin 45 Prozent dafür und 30 dagegen.

Von der Meinung der Bevölkerung ist zu unterscheiden die der jeweiligen politischen Führung und der politischen Klasse, auch eines Teils der Medien. Kaum Vorbehalte gab es in den USA. Die Weltmacht hatte keine Furcht vor einem größer gewordenen Deutschland. Präsident Bush und Außenminister James Baker unterstützten von Anfang an den Weg zur Einheit und wirkten in diesem Sinne auf die sowjetische Führung ein. In Frankreich und vor allem in Großbritannien brachen dagegen alte Ängste wieder auf. Auch mußte die deutsche Einheit das Ende der Nachkriegszeit und damit der Ordnung von Jalta und Potsdam bedeuten. Großbritannien und Frankreich verlören dann den Status von Siegermächten.

Die Entscheidung über Einheit oder Fortbestand der Teilung lag natürlich in Moskau. Die Deutschen haben es Michail Gorbatschow, daneben auch seinem Außenminister Schewardnadse zu danken, daß die Sowjetunion ihre bisherige starre Haltung aufgab und der Wiedervereinigung zustimmte. Das bedeutet nicht, daß die Sowjetführung und auch Gorbatschow selbst von Anfang an die Wiedervereinigung, wie sie später Wirklichkeit wurde, erwartet oder gar erstrebt hätten. Eine Vorentscheidung immerhin war schon Mitte 1989 gefallen: Als Gorbatschow im Juni 1989 die Bundesrepublik besuchte, unterzeichnete er mit Bundeskanzler Kohl eine Erklärung, die das „Selbstbestimmungsrecht der Völker“ und das „Recht, das eigene politische und soziale System frei zu wählen“, bekräftigte. Das war eine Absage an die „Breschnew-Doktrin“ von 1968, nach der jeder Versuch eines Landes, aus dem sozialistischen Lager auszubrechen, durch eine gemeinsame Intervention aller sozialistischen Länder beendet werden würde. Die Breschnew-Doktrin wurde am 7. Juli 1989 in einem Schlußkommunique einer Warschauer-Pakt-Konferenz auch formell widerrufen.

Bei einem Besuch in Moskau erhielten Bundeskanzler Helmut Kohl und Außenminister Hans Dietrich Genscher die Zusage Gorbatschows, daß die Deutschen selbst über Formen, Zeiträume, Tempo und Bedingungen der staatlichen Einheit entscheiden könnten, allerdings unter Berücksichtigung der Sicherheitsinteressen der Nachbarn, vor allem der Sowjetunion und der osteuropäischen Länder. Damit war die entscheidende Frage der Bündniszugehörigkeit des vereinigten Deutschland angesprochen.

Unterdessen hatten die USA eine Initiative entwickelt, die zu einer Serie von Zwei-plus-Vier-Konferenzen führen sollte. Sie hatten die anfangs widerstrebende britische und die französische Regierung und schließlich auch den sowjetischen Außenminister Schewardnadse davon überzeugt, daß die Verhandlungen über die Zukunft Deutschlands nicht allein von den vier Mächten, sondern gemeinsam von den beiden deutschen Staaten und den vier ehemaligen Alliierten geführt werden sollten.

Als historischer Durchbruch im deutschen Einigungsprozeß gilt die Begegnung von Bundeskanzler Kohl und Staats- und Parteichef Gorbatschow am 16./17. Juli 1990 in Moskau und in Gorbatschows Heimat im Kaukasus. Gorbatschow stimmte der vollen Souveränität des wiedervereinigten Deutschlands und dessen Mitgliedschaft in der NATO zu. Zugleich wurde der Abzug der sowjetischen Truppen aus dem Gebiet der DDR innerhalb von vier Jahren zugesagt. Auf dieser Grundlage konnten die Zwei-plus-Vier-Verhandlungen am 12. September 1990 zum Abschluß gebracht werden. Die deutsche Einheit war, nach Worten von Bundeskanzler Kohl, ohne Krieg, ohne Leid, im Einvernehmen mit allen Verbündeten und Nachbarn vollendet worden.

Zeichnung:
Felix Mussil
1989

Die deutschen Karikaturisten nehmen, wie hier Felix Mussil, in immer neuen Variationen die Überraschung des Auslands angesichts der Wiederauferstehung der totgeglaubten „Deutschen Frage“ aufs Korn, später dann das zunehmende Unbehagen angesichts der sich abzeichnenden Wiedervereinigung.

„Sie lebt, mes amis!“

Zeichnung:
Walter Hanel
1989

Europäische Wetterlage

Zeichnung:
Walter Hanel
1990

Zeichnung:
Walter Hanel
1990

„Maggie, wir waren Kohl gegenüber zu nett!“

Zeichnung:
Horst Haitzinger
1990

In der Karikatur des Auslands spiegelt sich zunächst die Freude über den Fall der Mauer und die neu gewonnene Freiheit der Menschen in der DDR. Ein Beispiel ist die Zeichnung von Batellier: In der Republique Democratique Allemande (französisch für Deutsche Demokratische Republik) hat die Demokratie gesiegt.

Zeichnung:
Jean-François Batellier
Frankreich
November 1989

Zeichnung:
Peter Brookes
The Spectator,
Großbritannien
Februar 1990

Die Vorbehalte gegen die bevorstehende Einheit Deutschlands sind in der veröffentlichten Meinung Großbritanniens besonders weit verbreitet. In der Sicht des britischen Karikaturisten verschlingt Kohl Ostdeutschland. Der amerikanische Zeichner drückt das mit einem ähnlichen Bild viel freundlicher aus.

Zeichnung:
Kevin Kallaugher
Baltimore Sun, USA
Juli 1990

Zeichnung:
Bill Caldwell
Daily Star
Großbritannien
Februar 1990

Für den Zeichner des Massenblattes „Daily Star“ ist Deutschland gar auf dem Marsch ins Vierte Reich.

Zeichnung:
Ironimus
Österreich
1990

Hier wird das Zusammenwachsen der beiden Deutschlands mit Sympathie gesehen. Der Wiener Karikaturist Gustav Peichl, Künstlername Ironimus, zeichnet auch für deutsche Zeitungen und sieht die Vorgänge im Nachbarland nicht so distanziert wie andere Ausländer.

Mit der Öffnung der Grenzen war das Schicksal der DDR besiegelt. Die Ereignisse begannen sich zu Überschlagen. Die SED versuchte verzweifelt, die Entwicklung aufzuhalten, konnte aber lediglich den Ereignissen hinterherlaufen. Am 13. November bildete der bisherige 1. Bezirkssekretär von Leipzig, Hans Modrow, eine neue Regierung. Enthüllungen über Machtmißbrauch und Korruption der herrschenden Partei in der DDR führten zu wütenden Protesten der Bevölkerung. Am 3. Dezember traten das Politbüro und das Zentralkomitee der SED mit Generalsekretär Egon Krenz zurück. Auch die Umbenennung in SED-PDS konnte die Herrschaft der Partei nicht mehr retten. Die Menschen wollten von einem Dritten Weg, den die SED-PDS jetzt propagierte und für den auch Intellektuelle in einem Aufruf „Für unser Land" am 9. November plädiert hatten, nichts mehr wissen.

Ende November war erstmals bei Demonstrationen der Ruf „Deutschland, einig Vaterland" zu hören, und bis zur Jahreswende waren diejenigen eindeutig in der Mehrheit, die „Wir sind ein Volk" skandierten und schwarz-rot-goldene Fahnen - ohne DDR-Emblem - schwenkten.

Am 28. November hatte Bundeskanzler Helmut Kohl im Bundestag überraschend ein Zehn-Punkte-Programm vorgelegt, das eine schrittweise Überwindung der Teilung Deutschlands vorsah. War das Programm noch von Fristen von mehreren Jahren ausgegangen, kam Kohl bei seinem Zusammentreffen mit Modrow in Dresden am 19./20. Dezember, wo ihm die Bevölkerung einen begeisterten Empfang bereitete, zu der Überzeugung, daß es keine Fristen mehr geben würde, weil das DDR-Regime am Ende war. Am 7. Dezember trat erstmals der „Runde Tisch" zusammen, an dem zur Hälfte die bisherigen Regierungsparteien und Abgesandte der oppositionellen Bürgerbewegungen, der neuen Parteien und der Kirchen beteiligt waren. Angesichts der schwierigen Situation band Ministerpräsident Modrow am 28. Januar 1990 Vertreter des „Runden Tisches" in seine neue „Regierung der nationalen Verantwortung" ein. Neuwahlen zur Volkskammer sollten am 18. März durchgeführt werden.

Eindeutiger Sieger dieser Wahlen mit fast 50 Prozent der Stimmen war die „Allianz für Deutschland", ein Zusammenschluß von CDU und den neu gegründeten Parteien „Deutsche Soziale Union" und „Demokratischer Aufbruch", die sich für einen umgehenden Beitritt zur Bundesrepublik nach Art. 23 GG ausgesprochen hatten. Die Allianz bildete mit der SPD und dem „Bund Freier Demokraten" eine Große Koalition mit Ministerpräsident Lothar de Maizière an der Spitze.

Einzige Aufgabe der neuen Regierung war es, die Vereinigung der DDR mit der Bundesrepublik vorzubereiten und deren Modalitäten auszuhandeln. Die Vereinigung wurde in zwei Schritten vollzogen. Der erste Schritt war die Errichtung einer „Währungs-, Wirtschafts- und Sozialunion". Der Staatsvertrag wurde am 18. Mai von den beiden Finanzministern unterzeichnet, er trat am 1. Juli 1990 in Kraft. Unmittelbar danach begannen die Verhandlungen über einen zweiten Staatsvertrag, der die Vereinigung der beiden Staaten regeln sollte. Auch dieser umfangreiche und komplizierte „Einigungsvertrag" wurde innerhalb von zwei Monaten ausgehandelt und am 31. August unterschrieben. Am 23. August hatte die Volkskammer den Beitritt der DDR zum Geltungsbereich des Grundgesetzes der Bundesrepublik Deutschland gemäß Art. 23 beschlossen. Der Beitritt der fünf Länder Brandenburg, Mecklenburg-Vorpommern, Sachsen, Sachsen-Anhalt und Thüringen wurde am 3. Oktober 1990, dem Tag der Deutschen Einheit, wirksam. Bundespräsident Richard von Weizsäcker zitierte aus der Präambel des neuen gemeinsamen Grundgesetzes: „Die Deutschen haben in freier Selbstbestimmung die Einheit und Freiheit Deutschlands vollendet."

Die Zehn Punkte

Zeichnung:
Ironimus
Österreich
1989

Bundeskanzler Helmut Kohl hatte die Zeichen der Zeit erkannt. Er präsentierte ein Zehn-Punkte-Programm, das einen Fahrplan zur Wiedervereinigung enthielt. Vielen Zeitgenossen erschien der Plan als höchst unzeitgemäß. Die einen glaubten nicht an eine Wiedervereinigung, die anderen wollten sie nicht. Für den österreichischen Karikaturisten jongliert Kohl mit zehn Bällen. Das kann eigentlich nicht gut gehen. Die DDR-Bürger, so meint er, teilen seine Skepsis.

„Ich werd' verrückt, die Wiedervereinigung steht vor der Tür"

Einer der Karikaturisten, die schon früh erkannt hatten, was die Stunde geschlagen hat.

Zeichnung:
Horst Haitzinger
1989

Mit Siebenmeilenstiefeln

Zeichnung:
Walter Hanel
1990

Tatsächlich ging alles viel schneller, als alle gedacht hatten. Das Volk lief den Politikern davon. Der Deutschen Einheit am nächsten auf den Fersen sind Kohl, Genscher und Brandt.

Zeichnung:
Walter Hanel
1990

Bei der Volkskammerwahl am 18. März 1990 stimmte die Mehrheit für Parteien der Einheit.

Helmut Kohl gießt das Füllhorn der DM über den DDR-Bürgern aus. Sie griffen begierig danach. Warum sollten sie nicht?

Zeichnung:
Walter Hanel
1990

„Mein Gott, bist du schwer geworden, Oskar.“

Zeichnung:
Walter Hanel
1990

SPD-Kanzlerkandidat Oskar Lafontaine hatte empfohlen, den Staatsvertrag über eine Währungs-, Wirtschafts- und Sozialunion im Bundestag abzulehnen und im Bundesrat passieren zu lassen. Der Vorschlag stieß auf heftige Kritik in der SPD. Die SPD-Bundestagsfraktion stimmte fast geschlossen für den Staatsvertrag.

„Hast soeben den Beitritt der DDR zur Bundesrepublik verpaßt!“

Bei dem Tempo hat so mancher einiges verpaßt.

Zeichnung:
Horst Haitzinger
1990

Zeichnung:
Klaus Böhle
1990

3. Oktober 1990: Das Fundament für das gemeinsame Haus ist gelegt. Es bleibt noch viel zu tun.

Die Zeichner

Batellier, Jean-François, geb. 1947 in Paris. Mitarbeit: Le Monde, Vendredi. Zahlreiche Buchveröffentlichungen.

Behrendt, Fritz, geb. 1925 in Berlin, 1937 in die Niederlande emigriert, lebt seit 1950 in Amsterdam. Mitarbeiter: Die Welt, Frankfurter Allgemeine Zeitung, Het Parool, Amsterdam, Die Weltwoche, Zürich, New York Herald Tribune, Berlingske Tidende, Kopenhagen. Mehrere Buchveröffentlichungen

Beyer, Helmut, geb. 1908 in Zwickau, gest. 1962 in Augsburg. Mitarbeiter: Neue Zeitung, Der Ruf, Simplizissimus, Eulenspiegel, Schwäbische Landeszeitung.

Blaumeiser, Josef, geb. 1924 in Ludwigshafen, lebt in München. Mitarbeiter: Süddeutsche Zeitung, Abendzeitung. Zahlreiche Buchveröffentlichungen.

Böhle, Klaus, geb. 1925 in Wuppertal. Mitarbeiter: Die Welt, Bonner Generalanzeiger und andere Zeitungen und Zeitschriften.

Busse, Horst, geb. 1924 in Elbing. Mitarbeiter: Rhein-Neckar-Zeitung, Revue. Buchveröffentlichungen.

Caldwell, Bill, geb. 1946 in Glasgow. Mitarbeiter: Daily Star.

ERES, Pseudonym für Rudolf J. Schummer, geb. 1921 in Münsterberg/ Schlesien. Mitarbeiter: Deutsche Zeitung, Mannheimer Morgen, Das Parlament, Rheinpfalz, Schwarzwälder Bote, Südkurier, Westfälische Rundschau.

Flora, Paul, geb. 1922 in Glurns im Vinschgau, Österreich, lebt seit 1945 bei Innsbruck. Mitarbeiter: Neue Zeitung, Die Zeit, Süddeutsche Zeitung, Neue Zürcher Zeitung. Zahlreiche Buchveröffentlichungen.

Gaymann, Peter, geb. 1950 in Freiburg/Breisgau. Mitarbeiter: Frankfurter Rundschau, Die Zeit, Badische Zeitung, taz (Tageszeitung). Zahlreiche Buchveröffentlichungen.

Geisen, Hans, geb. 1919 in Koblenz, lebt in Basel. Mitarbeiter: Westfälische Rundschau seit 1957, Basler Zeitung seit 1967. Zahlreiche Buchveröffentlichungen.

Gottscheber, Pepsch, geb. 1946 in der Steiermark, lebt seit 1966 in München. Mitarbeiter: Süddeutsche Zeitung und andere Tages- und Wochenzeitungen. Mehrere Buchveröffentlichungen, Illustrator zahlreicher Bücher.

Haitzinger, Horst, geb. 1939 in Eferding/Oberösterreich, lebt in München. Mitarbeiter: Simplizissimus, Nebelspalter, viele Tages- und Wochenzeitungen. Zahlreiche Buchveröffentlichungen, darunter jährlich ein Sammelband der Karikaturen.

Halbritter, Kurt, geb. 1928 in Frankfurt, gestorben 1978 Sligo, Irland. Mitarbeiter: Frankfurter Rundschau ab 1949, Pardon ab 1962, Vorwärts, Nebelspalter, Offenbachpost und andere. Zahlreiche Veröffentlichungen

Hanel, Walter, geb. 1930 in Teplitz-Schönau, lebt in Bergisch-Gladbach. Mitarbeiter: Simplizissimus, pardon, Kölner Stadtanzeiger, Rheinischer Merkur, Frankfurter Allgemeine Zeitung. Zahlreiche Buchveröffentlichungen, jährlich Sammelband der Karikaturen.

Hanitzsch, Dieter, geb. 1933 in Schönlinde/Böhmen, lebt in München. Mitarbeiter: Abendzeitung, Münchner Stadtanzeiger, Quick, Bonner Generalanzeiger. Zahlreiche Buchveröffentlichungen.

Hartung, Wilhelm, geb. 1919. Mitarbeiter: Hamburger Anzeiger 1948 bis 1957, Die Welt seit 1957.

Henn, Rolf, geb. 1956 in Idar-Oberstein, lebt im Hunsrück. Mitarbeiter: Mainzer Allgemeine Zeitung und andere Tageszeitungen. Jährliche Sammelbände der Karikaturen.

Hicks, Wolfgang, geb. 1909 in Hamburg, gest. 1983 in Bonn. Mitarbeiter: Die Zeit seit 1946, Die Welt seit 1956, Welt am Sonntag. Zahlreiche Buchveröffentlichungen.

Ironismus, Pseudonym für Gustav Peichl, geb. 1928 in Wien, Architekt (u.a. Kunst- und Ausstellungshalle der Bundesrepublik Deutschland in Bonn). Mitarbeiter: Die Presse, Wien, Süddeutsche Zeitung.

Kallaugher, Kevin, Zeichner für Baltimore Sun, USA

Kolfhaus, Herbert, geb. 1916 in Frankfurt/Main, gest. 1987. Mitarbeiter: Münchner Merkur, Bayernkurier, Nürnberger Zeitung, Deutsche Tagespost. Mehrere Buchveröffentlichungen.

Köhler, Hanns Erich, geb. 1905 in Teschen/Sudetenland, gest. 1983. Mitarbeiter: Die Zeit, Frankfurter Allgemeine Zeitung, Nürnberger Nachrichten, Deutsche Zeitung und Wirtschaftszeitung, Simplizissimus. Zahlreiche Buchveröffentlichungen.

Kuhn, Alois (ali), geb. 1940 in Krinsdorf/Riesengebirge, Ingenieur, freiberuflicher Karikaturist in Erfurt. Arbeitete für DDR-Zeitungen und gestaltete Ausstellungen. 1979 zu 18 Monaten Zuchthaus verurteilt, nach 8 Monaten von der Bundesregierung freigekauft.

Lang, Ernst Maria, geb. 1916 in Oberammergau, Dipl. Ing., Architekt, lebt in München. Mitarbeiter: Süddeutsche Zeitung seit 1947. Zahlreiche Buchveröffentlichungen.

Leger, Peter, geb. 1924 in Brünn, lebt in der Nähe von Hannover. Mitarbeiter: Vorwärts, Hannoversche Presse seit 1949, später Süddeutsche Zeitung, Hannoversche Allgemeine Zeitung. Zahlreiche Buchveröffentlichungen.

Marcks, Marie, geb. 1922, lebt seit 1948 in Heidelberg. Mitarbeiterin: Süddeutsche Zeitung, Die Zeit.

Meinhard, Fritz, geb. 1910 in Frauenberg, lebt in Stuttgart. Mitarbeiter: Stuttgarter Zeitung und andere Tageszeitungen. Zahlreiche Buchveröffentlichungen.

Mester, Gerhard, geb. 1956 in Betzdorf/Sieg, lebt in Wiesbaden. Seit 1984 freier Karikaturist.

Meyer-Brockmann, Henry, geb. 1912 in der Nähe von Hannover, lebte in München, gest. 1968. Mitarbeiter: Der Ruf, Süddeutsche Zeitung, Simplizissimus. Mehrere Buchveröffentlichungen.

Murschetz, Luis, geb. 1936 in Wöllan bei Cilli/Slowenien, aufgewachsen in der Steiermark, seit 1962 in München tätig. Mitarbeiter: Süddeutsche Zeitung seit 1967, Die Zeit seit 1970. Viele Buchveröffentlichungen, darunter mehrere Kinderbücher.

Mussil, Felix, geb. 1921 in Berlin, lebt in Frankfurt/Main. Karikaturist der Frankfurter Rundschau seit 1955, seit 1956 deren Redaktionsmitglied. Buchveröffentlichungen.

Nyary, Josef, geb. 1910 in Budapest, gest. 1973 in Hof. Mitarbeiter: Frankenpost, Der Fortschritt.

Oskar, Pseudonym für Hans Bierbrauer, geb. 1922 in Berlin. Mitarbeiter: Berliner Anzeiger, Berliner Morgenpost.

Packer, keine näheren Angaben möglich

Partykiewicz, Josef, geb. 1914 in Lemberg, lebt seit 1940 in Deutschland. Mitarbeiter: Rheinischer Merkur, Kölnische Rundschau, Schwäbische Zeitung, Die Welt, Hörzu. Zahlreiche Buchveröffentlichungen.

Pielert, Klaus, geb. 1922 in Essen, lebt in Düsseldorf. Mitarbeiter: Neue Ruhr Zeitung, Westdeutsche Allgemeine Zeitung seit 1961, Kölner Stadtanzeiger seit 1962, Handelsblatt, Der Spiegel. Viele Veröffentlichungen.

Schoenfeld, Karl-Heinz, geb. 1928 in Oranienburg bei Berlin, lebt in Ahrensburg bei Hamburg. Mitarbeiter: Abendblatt, Neue Ruhr-Zeitung, Tagesspiegel, Rheinpfalz, Bild. Viele Buchveröffentlichungen.

Szewczuk, Mirko, geb. 1919 in Wien, gest. 1957 in Hamburg. Mitarbeiter: Die Zeit 1946 bis 1949, Die Welt 1949 bis 1957. Mehrere Buchveröffentlichungen.

Wolf, Fritz, geb. 1918, lebt in Osnabrück. Mitarbeiter: Neue Osnabrücker Zeitung, Stern, Brigitte. Buchveröffentlichungen.

Wolter, Jupp, geb. 1917 in Bonn, gest. 1993. Mitarbeiter: Welt der Arbeit seit 1950, Deutsches Allgemeines Sonntagsblatt, Stuttgarter Nachrichten, Der Spiegel, zahlreiche weitere Tageszeitungen. Buchveröffentlichungen.

Autor und Verlag danken dem Cartoon-Caricature-Contor, Arno Koch, München, Herrn Prof.Dr. Walther Keim, Leiter Pressedokumentation im Deutschen Bundestag, sowie Herrn Op de Hipt vom Haus der Geschichte der Bundesrepublik Deutschland für die freundliche Unterstützung bei der Identifizierung der in diesem Band veröffentlichten Karikaturen. In einigen Fällen war es nicht möglich, die Namen der Zeichner zu ermitteln.